# Mpho ya Moswananoši

# Mpho ya Moswananoši

MATOME LESTAH SEWAPA

**Matome Sewapa**
mlsewapa@gmail.com

# Lenaneo La Diteng

# Boikgafo

Puku ye ya "Mpho ya moswananoši" gore e tle e tšwe ka kgopolo ya ka, go bile le batšeakarolo ba mmalwa bao ke ratilego go ikgafela bona ka sengwalo se.

Makhubile Masetla le Ntheteng Sewapa ka ge le rile go mpelega la nkgodiša ka tlhokomelo, lerato le thekgo yeo e ka se bapetšwego le selo mo lefaseng. Puku ye ke ya lena.

Mma go bana ba ka Tukiso, mosadi wa ka, ngwana wa Moloantoa, ngwetši ya Bakone/Bakgaga. Puku ye e be e ka se be gona ge nkabe e se lerato, thekgo le tlhohleletšo tšeo o mphago tšona ka mehla. Barwa ba ka Kopano, Mahlogonolo le Kabelo gammogo le morwedi wa ka Mokgadi. Boikgafo bjo ke ka lebaka la lena, ke na le kholofelo ya gore le tla re go e bala la buna se sengwe go yona.

Dikgaetšedi tša ka, kgadi tša Bakoni Selaelo le Moyagabo ga mmoga le rangwane'a bana ba ka Tlhakana yo ke rilego go le lahla a nama a kakatlela tswele la mme, ke ikgafile ka go ngwala puku ye gore le lena le tle le be matlotlo ka ngwana wa gabolena. Puku ye ke ya lena.

Barutiši ba ka ba sekolo sa tlasana sa Mawa, ke ikgafile go le ngwalela padi ye ka ge le ile la ntataiša le go mpha thuto ya maleba ya motheo. Mohu Morutišigadi Matšatši Ramaphoko - Mashale waka wa mphato wa 1, le ralokile karolo yeo nka se tsogego ke e lebetše bophelong bjaka ka moka, gomme le lehono le sale morutiši yo mokaone go ba feta ka moka. Mohu Morutiši Moseamo Stan ka karolo yeo le e kgathilego le go ntlhohleletša ka wa lena wa go ja mabele gore ke be morutiši le ge ke ile ka ganana le kgopolo ya lena, lehono pono ya lena ka nna e phethagetše.

Mohu Mna Mamabolo Mokele Zakaria, yo e bilego molaodi wa Sedikothuto sa Moloto, Seleteng sa Capricorn North. Kolobe ya Bjatladi, le ralokile karolo ye kgolo bophelong bjaka. Mna Matsi James, yo e bilego hlogo ya sekolo sa Modumo seo se phagamego le Morutišigadi Matsi Gladys. Barutiši, barutwana le batho ka moka bao ba nago le kgahlego thutong ya ngwana wa moAfrika, puku ye ke e gafetše lena.

Ipshineng ka mateng a yona!

# Ditebogo

Mong'aka Modimo le mangeloi ka mpho ya bophelo le tšhireletšo gare ga dipula le madimo ka go fapafapana ga ona. Ditheto le ditumišo di le swanela ka go sa felego. Puku ye e bile katlego ka lebaka la batšeakarolo ba ba latelago:

1. Ngaka Sewapa Tukiso, Mošomi wa Yunibesithi ya Limpopo, Research Office.
2. Mna Tladi Marabeele Benjamin, Education Specialist for Sepedi FET, Seleteng sa Capricorn North, Limpopo Education.
3. Mdi Tefu Kgabo Maureen, Mošomi wa Yunibesithi ya Limpopo, DVC Office.
4. Mna Tefu Tlou Ronald, Mošomi wa National Prosecuting Authority, Tzaneen.
5. Mna Maselela Moruti Daniel, Morutiši wa Sepedi Leleme la Gae sekolong seo se phagamego sa Karabi.
6. Mna Nyalonga Leseka Johannes, Hlogo ya lefapha/Morutiši wa Sepedi Leleme la Gae sekolong sa tlasana sa Mananga.

Ke a leboga.

# Matseno

Padi ye ya "Mpho ya moswananoši" e mabapi le mošimane yo a tsebjago ka Dimaka. Yena o be a na le bokgoni bja go ikgetha bja thuto le boetapele. Dimaka o be a dula le mmagwe morago ga gore koko wa gagwe a bolawe ga sehlogo ke setšhaba, ka ge a be a latofatšwa ka boloi. Bokgoni bja gagwe ka sekolong e be e le bja go makatša eke ke bja setsebi sa thuto. Dimaka o be a kgona go iterela mešomo ya gagwe ka noši ntle le go thušwa. Bokgoni bja gagwe bo makaditše batho ba mmalwa go akaretšwa le dihlogo tša dikolo tšeo a di tsenego, e lego sa tlasana le seo se phagamego. Dimaka o ile a tsenela phenkgešano ya boetapele bja lekgotlakemedi la barutwana fao a ilego a thopa. O ile a laetša bokgoni bja boetapele bja barutwana bja go se tlwaelega, gomme se se ile dira gore a be le manaba. Boetapele bja gagwe boile bja bea bophelo bja gagwe kotsing ya go loba bophelo.

# PADI

# Gopola Tšhukudu O Namele Mohlare

"Morena Ratlabala! Ke nnete gore gopola tšhukudu." A realo Mna Moseamo ge a fetša go amogela mogala.

"Na o hloma bjang mogwera! Ke fetša go hwetša mogala wa molaodi wa sedikothuto mabapi le dipoelo tša kotara ya pele." Mna Ratlabala a bolela ka lethabo le go makala ka nako e tee.

O tsebe gore Mna Mamabolo o bogale kudu go dihlogo tša dikolo, kudu bao dikolo tša bona di bego di sa dire gabotse ka dipoelo tša marematlou. Le ge a be a fela a laetša semelo sa go ba bogale, e be e le motho wa lerato, thekgo le tlhohleletšo go dihlogo tša dikolo.

"Gape bjalo o tla ntšhoša mogwera! Phula sekaku monna, o reng molaodi?" A realo Mna Moseamo a bile a thuthumela.

"O be a maketše gore dipoelo tša Khesethwane, sekolo sa gago, di tloga di kgahliša go feta le tša sekolo sa Merekome. Le nna ke maketše pele nka go thabela mogwera. Ke a go lebogiša"

"O tla nkemiša pelo wena morw'a Ratlabala." Mna Moseamo a kwa a imologile.

"Go no kwa o bolela ka leina la molaodi ke tsenelwa ke phefo ye sesane".

Ke la mathomo dipoelo tša sekolo sa Khesethwane di phala tša Merekome, go tloga mola se agwago ka ngwaga wa sekete makgolosenyane masomešupa. Sekolo sa Khesethwane se be se tsebega ka go tšwa maemong a mafelelo sedikothutong sa Bolobedu, ka go le lengwe sedikothuto se be se dula se le morago ka dipoelo tša marematlou Seleteng sa Mopani. Seo se be se sa fe Mna Mamabolo boroko, ke ka fao a bego a dula a le bogale go dihlogo tša dikolo.

"Ke go tsene ganong ge o be o sa re wa gopola tšhukudu."

"Pele ke lebala, na o sa gopola lesogana lela o ilego wa re ke le bee leihlo mengwageng ye mebedi ya go feta, ge le be le amogelwa sekolong sa gešo sa Khesethwane?"

"Ke tla lebala bjang Dimaka, gape le mamohla ke sa maketše gore talente ya moswananoši yeo mošemanyana yola a re bontšhitšego yona, le lehono le ga se nke ke kopane le yona e sa le ke thoma go ruta mo sekolong sa Mawa."

"Morena Ratlabala, ke a go botša lesogana lela le ya kgole ka bophelo, ebile ga ke tsebe gore ke re re bile mahlatse goba ke itheng? Dipoelo tše o di bonago mo sekolong tša go dira gore le molaodi wa sedikothuto a aparelwe ke tlabego, ke ditiro tša moisana yola. O tla re ke lengeloi moisana yola."

Bobedi Mna Moseamo le Mna Ratlabala ba tšwetše pele go boledišana metsotswana pele ba ka bea megala ya bona fase. O tsebe banna ba ba bile bagwera go tloga Kholetšheng ya Thuto yeo e bitšwago Modjadji *College of Education* go fihla le lehono bobedi e le dihlogo tša dikolo Motseng wa Mawa. Mna Moseamo ke hlogo ya sekolo seo se phagamego sa Khesethwane, mola Mna Ratlabala e le hlogo ya sekolo sa tlasana sa Mawa.

# Mpho Ya Moswananoši

Mengwageng ye lesomeseswai ya go feta, motsaneng wa Kheboku, setšhaba se kgobokane ka ntle ga metse, go kwagala mašata a batho.

"Mamohla o a swa moloi."

"Batho ba motse wo ba sehlogo le a tseba?"

"Baloi ba swanetše go bolawa ge ba dira dilo tša bošego."

Setšhaba se be se popoduma, go lauma kgabo ya mollo e le ge go fišwa mokgekolo wa ngaka yoo a bego a tumile tikologong ya ga Motšatši ka bophara ka go alafa malwetši a go fapafapana, mola badudi ba Kheboku ba be ba dio tseba e le moloi wa go tshwenya batho. Mokgekolo Kgaditswe o be a dula le ngwana wa gagwe wa ngwanenyana yo a bego a le mmeleng nakong yeo mokgekolo a bego a bolawa. Ka mahlatse Matšatši o ile a phonyokga ka šobana la nalete, ka ge a ile a kwa gore mmagwe mokgekolo Kgaditswe o a fišwa. Matšatši o ile a tšhabela motsaneng wa Mawa ga mmane wa gagwe Mmakoma.

Go bolela nnete, Matšatši ga se a be le boimana bjo bonolo. O be a fela a fokolafokola, ebile o be a sa je dijo tša go tlwaelega tša sebjalebjale. Ge a be a e ja dijo tša mohuta wo wa sebjalebjale, o be a hlatša le go hlakahlakana. Ka ge mmagwe e be e le ngaka ya setšo, o be a mofepa ka dijo tša setšo bjalo ka merogo, marotse, bogobe bja leotša le tše dingwe. Ge a be a re ke jele nama e be e le ge a jele ditšie. Le ge a be a lwala o gotše a sa ye bookelong, fela mmagwe a mo alafa ka dihlare tša setšo.

Lehu la mokgekolo Kgaditswe le sehlogo le ile la hlakahlakanya Matšatši le go feta, kudu ka ge ba be ba phedišwa ke mašeleng ao mmagwe a bego a a hwetša ge batho ba tlile go hwetša thušo ya kalafo. Nakong yeo tše ka moka di direga Matšatši e be e sale lekgarebe la mengwaga ye e ka bago masomepedi. O be a sale sekolong ka nako yeo tše ka moka di diragala. O be a dira mphato wa lesometee a bile a o boeletša. Maemo a ditaba a ile a mo gapeletša go tlogela sekolo. Mmane 'agwe o be a mo thekga ka tšohle tšeo a bego a dihloka.

Mmane 'agwe o be a hweditše mošomo wa lebakanyana kua sekolong sa tlasana sa Mawa. Mašeleng ao ba bego ba a hwetša ke ona a bego a ba thuša go phela. Se se ngwe ke kgwebopotlana ya go rekiša diemadirile kua sekolong.

*****

Ke mesong ya gare ga beke Mmakoma o laelane le Matšatši pele a ka tšwa ka kgoro. Go fetile nako ye e ka bago iri Mmakoma a tšwele ka gae. Matšatši o tšwela pele ka mešongwana ya ka ntlong, ge a makatšwa ke go kwa go kokotwa monyako. O tsebe lapa la Mmakoma e be e le le lengwe la malapa a go se be le sa bona, le ge re ka se re ke bahloki. Matšatši o be a se a tlwaela gore motho a ka no kokota nako efe kapa efe.

"Koo koo! Ka lapeng." Monnatsoko a kokota.

"Ke a tla!" Matšatši o bolela a le kgojana ka ntlong a batamela go bula monyako.

"Thobela!" Matšatši o dumediša a le monyako.

"Ao! Ke be ke sa tsebe gore Mmakoma o na le ngwana yo mokaaka!".

"Aowa, Mmakoma ke mmane 'aka".

"Ka nnete! E le gore yena o kae?"

"Ga ba gona ba ile mošomong wa bona wa lebakanyana kua sekolong sa tlasanasa gona mo Mawa."

Ba rile ba sa boledišana monna yola a lebelela mpa ya Matšatši.

"A fa o a tseba gore gauta yeo o e swerego ga e lekane le selo mo lefaseng?" Monna o rile go bolela Matšatši a šala a maketše fela.

"Ge nkabe le tseba gore ke tlaišegile bjang ka morwalo wo le be le ka se realo." Matšatši a bolela a nyamile a bile a lebeletše fase.

"Bona, ngwana yoo o mo rwelego o tlile go go direla mehlolo ka ge ke bontšhwa gore o swere bokamoso bja go phadima". A realo monna wa Modimo, ka morago a lemoga gore Matšatši o aparetšwe ke tlabego.

"Ao! Ke nna Kgaphola, ke moporofeta gona mo motseng wa Mawa." Matšatši o rile a sa maketše ke ge Kgaphola a bona bokaone e le go hlakiša polelo ya gagwe gabotse.

"Ngwana wa gago o tla belegwa kgweding ye e tlago, go tla be go ena pula e kgolo, ditsela di tla be di sa sepelege. O tlile go thušwa ke bakgekolo ka ge go ka se kgonege gore o ye bookelong letšatšing leo, gomme o tsebe gore ngwana wa gago le ge ke sa kgone go bona gabotse, o na le mpho ya moswananoši".

Monna o rile go bolela a laela ya ba o tsena tseleng. Matšatši o rile a sa maketše ya ba Kgaphola o jelwe ke aretse. O thomile go ipotšiša gore go tlile bjang gore monnatsoko yo a mo porofete, mola yena a sa tsene kereke? Le gona ditaba tše monna yo a di bolelago e ka ba nnete goba aretse? Matšatši o rile go lwa le dikgopolo tša gagwe a bona bokaone e le go tsena ka ntlong a tšwele pele ka tšeo a bego a di dira.

# Ngwana Yo Ke Gauta

Ke mathapama Mmakoma ke gona a boa sekolong gomme o bea kgamelo yeo e swerego dijo tša go šala morago ga ge bana ba sekolo ba fetša go ja.

"Tšatši wee! Matšatši wee!"

"Ke a tla mmane." Matšatši o araba a le ka morago ga ntlo ya diphapoši tše pedi ya polata.

"Ke tlile le sopo le setampa tša go butšwa kua sekolong, o ka no ntšha ka moo kgamelong, o ka itsholela gomme o gatiše noga." Mmakoma o bolela a šupa le ka monwana ge Matšatši a fihla go yena.

"Mmane, e ka ba le lebetše gore dijo tša mohuta wo di ntshwara bjang?"

"Mmalo! Nna ke re ka gore bjale dikgwedi di batametše go ya madibeng, o tla no di ja ntle le mathata."

"Mmane ke tšhaba go leka noka, ke jele lephotse ebile Rapudi o fetile mo a gapa dikgomo, o mphile ditlomma le mabilo. Ke jele la mpanapalega, ga ke bone ke sa tlile go ja gape mantšiboa". Matšatši o bolela a bile a itshwara dimpa.

"Mmane, pele ke lebala go na le monnatsoko yo mošweu ka lebala o be a nyakana le lena mesong ge le fetša go tšwa".

"O rile ke yena mang?" Mmakoma o bile o maketše.

"Kgaphola wa moporofeta, le a mo tseba mmane?".

"Aowi! Ee, ke a mo tsebe, e sa le ke mo kgopela gore a tle a nthuše go fokotša mehlare ye ya dimanko ka ge e gotše kudu. Bjale tša gore ke moporofeta di tsena kae?" Mmakoma o sa maketše.

"Aowa! O no thoma go no balabala, a re hee…hee! Ngwana yo ke gauta, hee hee! Dipula kae kae!"

Ka morago ga ge Matšatši a fetša go hlalošetša Mmane 'agwe, ke ge mmane a kgonthišiša gore Kgaphola ke motho wa kereke, fela tša gore ke moporofeta ga a di tsebe. O no kwa ka mabarebare le ge yena a sa šalane morago le ditaba tša dikereke le baporofeta.

*****

Dibeke di šutelelane ka go latelana, matšatši a ile. Ke nnete masa ga a na swele, bo sele ke kgwedi ya Phato go na le moyana ka mo ntle le ge letšatši le hlabile.

"Thobela! Thobela!! E ka ba ke Morena Nnametše?"

"Thobela! Ke yena yo a bolelago."

"Ke Mmakoma mo mogaleng, gona mo Mawa. Re kgopela thušo ya koloi ka pela. Re na le molwetši, ke kgale re emetše sefatanaga sa go sepetša balwetši gomme ga se fihle."

"Ke a le kwa mma, fela ke sa le kgojana ka thoko ya ga Mokwakwaila."

"Ge le lebeletše le ka fihla ka morago ga nako e kaakang?"

"Ga ke na bonnete ka ge go ena pula, nka se kgone go kitima fela ke tseleng."

"Ge e le maru re a a bona, re tla no letela thušo ka ge re se na kgetho"

"*Bye Bye!*"

"*Bye Bye!*"

Ba rile go bea megala fase, Matšatši a thoma go hlaba lešata.

"Mmane ke a swa. Joo!"

"Kgotlelela hle wena thušo e tseleng."

"Mmane bjale gona nna ga ke sa kgona."

"Joo…nna… mmawee! Meetse a…! Ere ke bitše Mokgekolo Mmatšawela ka pela."

Mmakoma ke ge a kitimela ka baagišaneng go kgopela thušo ya tšhoganetšo. Ka mahlatse a hwetša mokgekolo a le gona, gomme a mmegela seo se diregilego. Ka nako yeo pula e be e thomile go sarasara. Mokgekolo o rile go lekola moimana a nama a laela Mmakoma go tliša didirišwa ka moka tša go thuša ka pelego. Ka nnete ke ge pula e tšhologa la go šiiša gomme le mohlagase o ile wa tima. Pula ya matlakadibe ya re ke fihlile, ke fihlile. Ge tše ka moka di direga Matšatši o be a sa lemoge boemo bjo bja leratadima, gomme o rile go belega ya ba e le gona a lemoga bodiba bjo ba lego ka gare ga bjona. Ntlo yeo ba bego ba le ka gare ga yona e be e neša ga nnyane, ge pula e na kudu. Pula e nele diiri tše e ka bago tše tharo pele ga ge e ka khula. Morago ga fao letšatši la fiša nke go letše go lla lesobosobo. Re no bona ka meetse ao a bego a kitima le mebila le meetšana, mola gape go nkga monola gore ka nnete e tšhologile. Go be go tletše matlakala le mehlare e robegile.

"Koko Mmatšawela ke a leboga hle. Ba go swana le lena ba a hlokwa." Matšatši a bolelela fase, a kukile leseana la gagwe a bile a le lebeletše ka mahlong.

"O se ke wa belaela ngwanaka, sa gago ke go amuša leseana le la gago le lebotsana. O se ke wa mo fiša hle."

"Ke tla dira bjalo koko, ke tloga ke leboga go menagane."

"Ka ge ke phethile mošomo, ke kgopela difate Mmakoma. Ke kgopela gore o thuše yo Matšatši go hlokomela leseana le go fihlela kalana e ewa. Ke kgopela gore o phethagatše ditaelo ka moka tšeo ke go laetšego. Gabotse!"

"Aowa ke le kwele ka tše tše pedi, ke tla phethagatša seo le se boletšego." Mokgekolo Mmatšawela o a emelela gomme o leba monyako.

"Ao! Pele ke lebala, leina la ngwana yo ke Dimaka!"

Ke setlwaedi gore bakgekolo ge ba se no fetša go thuša ngwana ba mo fa leina. Le ge go le bjalo, re a tseba gore mmago ngwana ke yena a tšeago sephetho sa go dumela go šomiša leina leo goba aowa. Matšatši o ile a dumela leina leo la Dimaka gomme ya nama e le leina la morwa wa gagwe la semmušo.

# Temogo Ya Bokgoni Bja Dimaka

Go tloga mola Dimaka a belegwago go fetile mengwaga ye e ka bago lesome. Ke ngwaga wa bohlano Dimaka a amogetšwe sekolong sa tlasana sa Mawa, ebile o dira mphato wa bone.

"Dimaka, go reng wena o sa ngwale mola bana ba bangwe ba ngwala mošomo wa phapoši?"

"Ke kgale ke feditše go ngwala mošomo wo le re filego wona Morutišigadi Ramaphoko."

"Aowa ga go kgonagale gore o ka be o šetše o feditše mošongwana wo, mola ke se na le metsotso ye meraro ke le laetše go o ngwala? Tliša mo ke bone?" Morutišigadi Ramaphoko o bolela a maketše ebile a batamela tafolana ya Dimaka.

"Dimaka ke mehlolo mang ye ke e bonago ka mo pukung ya gago ya mešomo ya tšatši ka tšatši?"

Morutišigadi Ramaphoko ke morutiši wa Sepedi leleme la gae wa mphato wa bone, ka go le lengwe ke morutišiphapoši wa mphato wo. Sa go makatša ka puku ye ya Dimaka ke gore e šetše e tletše. Yona e ngwadilwe matlakala a lekgolo le metšo ye senyane ka moka. Bao le sa tsebego e reng ke le tšee kgopu gore le tle le kwišiše seo Morutišigadi Ramaphoko a se bonago.

Kgoro ya thuto ya motheo e diriša Setatamente sa Pholisi sa Lenaneothuto le Kelo ka boripana se bitšwa SEPHOLEKE, go hlama mananeo a thuto go ya le ka mephato ya go fapafapana. Kua mephatong ya sehlopha sa gare, kgoro ya thuto e hlametše barutwana dipuku tša mešongwana ya tšatši ka tšatši ya go gata ka mošito o tee le SEPHOLEKE. Barutwana ba fiwa dipuku tše mathomong a kotara ye nngwe le ye nngwe. Puku ye ya Dimaka e be e akaretša mešongwana ya tšatši ka tšatši ya Kotara ya pele le ya bobedi, yeo e beakantšwego go ya ka matšatši le dibeke tša matšatšikgwedi, go ya le ka tšhupamabaka ya dikolo. Ka gare ga puku ye go na le diswantšho tša mebala ye fapafapanego le mengwalelwana ye e tlanyeditšwego ruri ka difonte tša go fapana le methaladi, gammogo le mapokisana fao morutwana a swanetšego go ngwalela gona. Bjale ge, mešomo ya tšatši ka tšatši ke mešongwana ya sekolo yeo e fiwago barutwana ke barutiši go akaretšwa ya phapoši le ya gae.

"Morutišigadi, bomma ba rile go mpha dipuku gore ke di bee ka mokotleng ka morago ga go di khabara, gomme nna ka bona bokaone e le go ngwalela ruri mešomo ya ka ya tšatši ka tšatši."

"Bolela nnete ngwanaka gore ke mang a ngwadilego mo? Gape le mongwalo wo o tloga o bonagala gore e ka se be wa morutwana wa mphato wa bone, ke a gana. Gona le ge ba re o a ngwala, bommago ba tšere dipuku tše matšatši a mabedi pele ga lehono." Morutišigadi o rile a sa le kgakanegong ka go le lengwe a e ja marapo a hlogo, a tlelwa ke leano ka pejana.

"Tliša puku yeo o tšee yekhwi, thoma go ngwala mo o fihle mo. O a nkwa akere?"

"Ke le kwele morutišigadi, ke tla dira bjalo le semetseng."

Morutišigadi Ramaphoko o rile go tšea puku ya Dimaka yeo e ngwaletšwego a mo fa ye nngwe ya go se ngwalelwe selo. Ka morago ga fao a ntšha puku ya tlhahlamorutiši yeo e nago le tlhahlo ya go swaya le dikarabo ka moka tša mešongwana yeo e lego ka dipukung tša barutwana, gomme a thoma go lekola mešongwana yela ya ka pukung ya Dimaka a bile a e swaya. Seo se mo tlabilego le go feta ke gore dikarabo tšeo di lego ka pukung ye ke tšona ka moka, le ge bontši bja tšona di sa swane thwii le tšeo di lego ka gare ga tlhahlo ya go swaya. Se se rera gore mongwadi wa puku ye o na le tsebo goba kwešišo ya go feta mphato wo, gomme e ka se be Dimaka.

"Ke feditše go ngwala mošomo wo le mphilego wona morutišigadi."

"Dimaka, o šetše o feditše e se kgale o thomile mola bana ba bangwe bao ba go thometšego go ngwala pele ba sa ngwala? Aowa tliša ke bone ngwanaka."

Morutišigadi o rile go amogela puku ya Dimaka a mo laela gore a dule fase. Selo sa pele seo a se dirilego ka morago ga go bula puku yeo e bile go lekola ge eba mongwalo wa yona o swana le wa puku yela a e tšerego mankgapele. Ka morago ga fao a thoma go lekola dikarabo, gomme sa go latela e bile go bona mehlagare ya meno a ka fase ya morutišigadi e thula dikhuru, ka ge mongwalo le dikarabo di swana swaniswani. Ke la mathomo morutišigadi a kopana le komatona ya mohuta wo. Naa morutišigadi o tla bona a dirileng ka morutwana wa go se nyake tlhahlo le go rutwa ke barutiši gore a tšwelele dithutong tša gagwe?

Morutišigadi Ramaphoko o dirile ka botšohle bja gagwe gore Dimaka le barutwana ba bangwe ba se lemoge gore o bethilwe ke lešoko le nkego ke legadima ka seo a se utollotšego. O rile go boa kelellong a bona bokaone e ka ba go loga maano a gore a ka dira eng ka seemo se sa ditaba. Agaa! Morutišigadi o thomile go myemyela go laetša gore o hweditše maano a go rarolla komatona ye ya go ikgetha.

# Bokgoni Bja Go Ikgetha

Go fetile matšatši a mahlano, ke Mošupologo gomme hlogo ya lefapha Mna Makwala o tsena ka kantorong ya hlogo ya sekolo a farafarilwe ke Morutišigadi Ramaphoko.

"Hlogo ya lefapha le Morutišigadi ebile le fihlile? Le ka tšea madulo re nape re tsene ditabeng ntle le go senya sebaka."

"Aowa ke nnete hlogo ya sekolo. Ka ge ke šetše ke le tsopoletše tšona mong'aka, ke tla no kgopela Morutišigadi Ramaphoko a re alele tšona ka botlalo. Morutišigadi sebaka se ke sa lena."

"Ke a leboga hlogo ya lefapha. Hlogo ya sekolo, ka ge ba šetše ba le tsopoletše gannyane, ke rile go lemoga bokgoni bja Dimaka bja go makatša ka leka go loga maano a gore nka fa morutwana yo mešomotlaleletšo ye mmalwa, fela ke paletšwe ka gobane moisana yola o feditše mešomo ya dikotara tše pedi ka beke e tee fela."

"Morena Makwala ke nnete taba ye? E ka ba ke e kwele gabotse?"

"Go no ba fela bjalo Mna Ratlabala, ke ka fao le bonago ke tlišitše taba ye go lena gore re leke go e lebelela, le gore re ka dira bjang go thuša Morutišigadi Ramaphoko ka pharela ye ya taba. Bjalo ka hlogo ya lefapha ke rile go lekola mešongwana ya Dimaka ka laela Morutišigadi gore a beakanye kopano le motswadi wa morutwana go hwetša modu wa taba ye. O phethagaditše taelo yeo ka bokgwari. Sepedi se re le botse ge le e tla ka mong, Morutišigadi Ramaphoko re kgopela pego ya kopano yela o bilego le yona le motswadi wa ngwana."

"Ke nnete ke bile le kopano le motswadi, ka mo laetša mešomo ya morwa wa gagwe, gomme ka mmotšiša ge e ba o thušitše ngwana go ngwala mešome yela goba aowa. Ke ge a laetša gore Dimaka o itirela mešomo ya sekolo ntle le go thušwa ke motho. Le gona o fetša nako ye ntši a duletše dipuku, ka gona o fela a e lwa le yena ka ge a dumela gore ngwana o swanetše go ralokaraloka gore a gole gabotse." Morutišigadi Ramaphoko o hlološitše ditaba ka botlalo ntle le go tlogela selo.

Se segolo sa go makatša ka kopano ye ya lehono ke gore go sekasekwa mekgwa yeo e ka thušago morutwana yo gore a kgone go tšwelela ntle le mapheko goba ditšhitišo, ka ge e le morutwana wa go ba le bokgoni bja go ikgetha. Hlogo ya sekolo Mna Ratlabala ka ge e le moetapele wa go rata thuto ya ngwana'moAfrika ebile a thopile dimetale le difoka tša go fapafapana go akaretšwa le tša boetapele bja maemo a godimo ka dikolong, o ile a laela hlogo ya lefapha Mna Makwala gore a thušane le morutišigadi Ramaphoko go tla ka maano a gore morutwana yo Dimaka a kgone go tšweletša bokgoni bja gagwe ntle le go ba le magomo afe goba afe. O ba laetše gore ba dire seo ka tšhoganetšo le go ba netefaletša gore o tla ba fa thekgo efe kapa efe yeo ba e hlokago ka ge a lemogile gore morutwana yo o tlile go phagamiša leina la sekolo sa gagwe ka mpho yeo a nago nayo.

Ke nnete boraro bja bona ba ile ba netefatša gore Dimaka o tšwelela dithutong tša gagwe, gape o hwetša thekgo yeo a e hlokago ka dinako tšohle. Barutiši ba, ba dirile tšeo ka moka ka go ba le setswalle se se botse le motswadi wa Dimaka. Hlogo ya sekolo Mna Ratlabala, o bone e le maswanedi go lemoša le barutiši ka moka ka sekolong, le go ba kgopela maano le thekgo go morutwana yo go fihlela a aloga. O dirile seo ka ge a na le maitemogelo le kwešišo ya gore sekolo sa tlasana ke motheo wo bohlokwa go bana ka moka. Ge ngwana a ka abelwa thuto ya boleng bja godimo go tloga mephatong ya fase, o ba le motheo wo maatla woo o ka se šikinyegego le gatee ge a fihla dikolong tšeo di phagamego.

Tumo ye kgolo ke gore nke barutiši ka moka ba na le phišagalelo go swana le Mna Ratlabala gammogo le barutiši ba gagwe. Bokamoso bja ngwana wa moAfrika bo be bo tla phadima le go feta. Na wena o gopola morutiši ofe yoo a nago le phišagalelo thutong ya ngwana wa moAfrika?

# Bopresitente Bja Lekgotlakemedi La Barutwana

Mengwaga e latelane gomme ke ngwaga wa bobedi mola Dimaka a amogelwago sekolong seo se phagamego sa Khesethwane, ebile o dira mphato wa senyane. Ke nako ya dijo, Dimaka o boledišana le morutiši Mangena ka phapošing ya bodulo bja barutiši.

"Morena Mangena, ke sa boile gape ka taba yela ya bophenkgišane bja maemo a bopresitente bja lekgotlakemedi la barutwana. Ka ge le na le maitemogelo a magolo, ke kgopela gore le mphe bokamorago bja dipresitente tša barutwana le diphihlelelo tšeo ba di fihleletšego gore ke kgone go itokišetša lenaneo la ka la go kalatša barutwana gore ba nkgethe, kudu ka gore sehla sa go kgetha se fihlile".

"O tloga o na le maikemišetšo morwa. Ka ge o bile morutwana yo mokaone kudu wa mphato wa seswai ngwagola, ga o nagane gore se se ka go šaletša dithutong tša gago?"

"Le gatee morutiši. Se se tla mpha monyetla wa go ithuta le go tšweletša bokgoni bja ka bja boetapele, kudu ka ge ke lemogile gore dipoelo tša sekolo sa rena di phela di le moseleng mo sedikothutong sa gešo. Ke a le tshepiša gore nka se šalele le gatee, ka ge tlhagong ya ka ke le morutwana wa go balela pele dithutwana tša ka. Morena Mangena, le tla lemoga gape gore boetapele bja barutwana bja ngwagola bo be bo sa dire ka maatla gore go be le maikarabelo thutong ya ngwana wa mothomoso. Ke kgopela le ge ka boripana le ka mpha bokamorago bja boetapele bja mengwaga ye mehlano. Na le ka kgona go dira seo morutiši?"

"Ke nnete gore leina lebe ke seromo, o tloga o makatša monna Dimaka. Ke kgale ke go boetša morago ka gore o tle gosasa, bjale ke a bona gore o na le maikemišetšo tabeng ye. Ka ge o phegeletše ke tla leka go hlaloša le ge nka se gopole mengwaga le maina a ba bangwe ba baetapele… Ao! Ebile ke a gopola, tšea faele yeo ya go ngwalwa gore *RCL file* ka moo bodulafaele o e tliše mo. Agaa! Ye ke yona faele ya go swara mešomo ya lekgotlakemedi la barutwana go tloga mola ke filwego maikarabelo a go hlokomela lekgotla le. Ke tla go fa metsotso gore o bale ye mengwe ya mešomo yeo e dirilwego ke baetapele ba go feta." Mna Mangena o buletše Dimaka metsotso ya mengwaga ya go feta ya dikopano tša makgotlakemedi a barutwana.

"Bala mo, fela o ka se tšwe ka karolo efe goba efe ya faele ye. Re a kwana?"

"Ke a leboga morutiši wa ka. Ke tla e balela gona mo." Go bile le setunyana ge Dimaka a bala tšeo di lego ka faeleng, mola morutiši a feleletša go ja dijo tša gagwe ka ge e be e le nako ya go ja. Dimaka o tšere metsotso ye e ka bago lesomehlano gomme a leboga le go laela morutiši Mangena pele a ka tšwa ka kgoro.

*****

Ke letšatši pele ga dikgetho tša boetapele bja lekgotlakemedi la barutwana. Barutwana le barutiši ba mephato ka moka ba ka holong ya sekolo. Barutwana bao ba amogetšego bophenkgišani bja boetapele ba dutše pele sefaleng ka letsogong la go ja, mola hlogo ya sekolo le barutiši ba babedi ba dutše ka letsogong la nngele. Barutiši ba bangwe ba dutše go phatlalala le barutwana ba bangwe bao ba tletšego holo. Gona mola sefaleng go na le segodišantšu seo se kgabišitšwego le boemo bja seboledi, fao diboledi ka moka di yago gona go fa mantšu ge mosepetšamodiro a ba laela go dira bjalo.

"Tšielala! Tšielala! A re hlwaeng tsebe ka ge e le nako ya go thoma modiro wa rena. Le ge le šetše le ntseba, e reng ke itsebiše semmušo. Ke nna Mangena, ke morutiši yoo a lebanego le go hlokomela lekgotlakemedi la barutwana. Ntle le go senya sebaka ke tla kgopela le bethe diatla kudu, ka ge re tla ba re emeletša hlogo ya sekolo sa rena seo se phagamego sa Khesethwane, go re fa mantšu a tlhohleletšo. Matsogoooo!!"

Go bile le lešata le legolo, barutwana ba hlabile legoa le melodi ge hlogo ya sekolo a tloga madulong a gagwe a batamela segodišantšu. Go dio bolela nnete meletlo ya mohuta wo e no dira gore barutwana ba aparelwe ke moya wa lethabo, fao ba bangwe ba fela ba laetša go no tšwa tseleng ga nnyane. Le ge go le bjalo, barutiši ba šetše ba tlwaetše maitshwaro a mohuta wo, ebile ba na le mekgwanakgwana ya go ba laola gore ba se tšwele ruri. Le lona tšatši le go bile fela bjalo.

"Morena Mangena, barutiši ka moka, baphenkgišane maemong ao a fapanego a boetapele bja barutwana gammogo le barutwana ka moka ba sekolo seo se phagamego sa gešo sa Khesethwane, ke re madume go lena ka moka. Morena Mangena, ke leboga sebaka se o mphilego sona. Ke tla thoma polelo ya ka ka go lebogiša baphenkgišane ba rena. Le tla gopola gore ga go bonolo go tšea karolo ya mohuta wo, gomme se se laetša gore go na le bokgoni bjo barutwana ba bo lemogilego go lena bja boetapele ka ge ba le hlokotše gore le phenkgišane maemong ao a lena. Go ba mo pele lehono ke sešupo sa gore le na le phišagalelo ya go bona diphetogo tše dibotse maphelong a lena le a barutwana ka kakaretšo. Gosasa ke letšatši le legolo le bohlokwa go tšhupamabaka ya sekolo se, ka ge e le letšatši la dikgetho. Ka ge re tlile fa go theeletša ditshepišo tšeo baetapele ba lena ba di dirago mathapameng a letšatši le, ke kgopela gore le theeletše gore tšeo ba di bolelago di sepelelana le go tšwetša ditlhologelo tša lena pele bjalo ka barutwana. Le gopoleng gore se segolo seo se re kopantšhitšego mo sekolong ke thuto yeo e lego bokamoso bja lena. Sa mafelelo ke rata go le gopotša gore le se ke la kgetha baetapele ba go dira boganka mo sekolong go swana le mengwaga yeo e fetilego. Kgethang baetapele bao ba tlago thuša barutiši le boetapele bja sekolo ka kakaretšo go kaonafatša dipoelo tša rena. Ke a leboga mosepetšamodiro."

"Re a leboga hlogo ya sekolo Morena Moseamo, ke dumela gore mantšu a lena a tla amogelwa ka diatla tše borutho. Ntle le go senya sebaka, ka ge mopresitente wa ngwagola wa lena e le yo mongwe wa baphenkgišane gape lenyaga, re tla kgopela mongwaledi wa lekgotlakemedi la barutwana yo a fologago maemong a Sewela, go tsebiša baphenkgišane ba rena pele re ka ba fa sebaka sa go fa dipolelo tša bona tša mafelelo. A re mmetheleng matsogo!"

"Ke a leboga morutiši Mangena. Pele ka dithuto tša rena pele! Peeeeele! Ke a leboga. Ke tla thoma ka go dumediša batho ka moka le go re, magato ka moka a latetšwe. Ntle le go senya sebaka ke tlile go tsebiša baphenkgišane ba rena ba setulo sa bopresetente, ka ge e le bona fela bao ba tlilego go fa polelo mathapameng a lehono le. Ge ke ba bitša bona ba tla emelela la ba bona. Ke tla thoma ka Tumelo yena o dira mphato wa lesome. Wa latela Maphoko mphatong wa lesometee. Wa mafelelo ke Dimaka mphatong wa senyane. Ke a leboga."

"A re ba betheleng matsogo. Ke a go leboga mongwaledi Sewela, ge o tsebišetše baphenkgišane ba rena. Bjale ke nako yeo re bego re e letile go kwa dipolelo tša go itokišetšwa tša baetapele ba rena. Ntle le go senya sebaka ba tla šalana morago ntle le go latela lenaneo lefe kapa lefe ka go fa dipolelo tša bona, gomme ge yo mongwe a fetša go bolela o tla fa yo mongwe sebaka, ka gona dipotšišo di tla botšišwa mafelelong a dipolelo ka moka. Ge e le lena barutwana ka moka le tlile go hlwaya tsebe gomme la ngwala dipotšiso tšeo le ka bago le tšona gore le tle le ba botšiše mafelelong a dipolelo ka moka. Thobela!"

Mna Mangena o rile go fetša go bolela mola barutwana ba sa lebelelane gore go thoma mang, ke ge Dimaka a emelela ka boitshepo le mafolofolo gomme a batamela segodišantšu. Seo se makaditšego batho ka moka ke gore o be a sa swara le ge e ka ba lephepšana leo a itokišeditšego polelo ya gagwe go lona. Go bile le setunyana ge a thoma polelo ka ge bontši bja barutwana ba sa tlabilwe ke morutwana wa mphato wa senyane a phenkgišanela maemo a mohuta wo.

"Hlogo ya sekolo Morena Moseamo, modulasetulo wa lekgotlataolo la sekolo sa gešo le maloko a gagwe le ge ba se gona fa, morutiši wa go hlokomela lekgotlakemedi la barutwana Morena Mangena, barutiši ba sekolo sa gešo, baphenkgišanemmogo le barutwana ka moka ba sekolo seo se phagamego sa Khesethwane. Ke itia leopo la kgoro. Ke nna Dimaka Masetla, ke morutwana wa mphato wa senyane gona mo sekolong se. Polelo ya ka lehono le, e mabapi le maemo a thuto sekolong se sa gešo, ao a sa lešego di wela. Le tla gopola gore molaotheo a naga ya Afrika Borwa o gatelela gore motho yo mongwe le yo mongwe o na le tokelo ya go abelwa thuto ya boleng bja godimo. Karolo ya bobedi, karolwana ya lesometee ya *South African Schools Act* yeo ka boripana e bitšwago *SASA*, e gatelela gore barutwana go thoma ka mphato wa seswai ba swanetše go tšea karolo ya boetapele bja lekgotlakemedi la barutwana dikolong tšeo di phagamego. Ka go le lengwe karolo ya boraro, karolwana ya bobedi ya *SASA* e gatelela gore go swanetše go ba le dikopano tša lekgotlataolo la sekolo leo le akaretšago dikemedi ka moka ga mmogo le kemedi ya barutwana dikopanong tšeo. Ke maswanedi gore barutwana ba be le kemedi yeo e tla tšweletšago pele ditlhologelo tša bona go lekgotlataolo la sekolo. Se se tla thuša gore dinyakwa tša barutwana di fihlelelwe boetapeleng bja sekolo gammogo le go kgoro ya thuto ka kakaretšo. Ge ke be ke sekaseka dipoelo tša sekolo sa gešo, ke lemogile gore mengwageng ye mehlano ya go feta sekolo sa gešo se be se phela se le moseleng sedikothutong sa gešo sa Bolobedu. Barutwanakanna, le tla dumelana le nna gore ke maikarabelo a rena re le barutwana gore bokamoso bja rena bo tle bo phadime. Ge le ka nkgetha gore ke be mopresitente wa lekgotlakemedi la barutwana, ke tla dira bonnete bja gore barutwana ka moka ba hwetša thuto ya boleng bja godimo. Se se tla phethega ka go hlama mananeothuto ao a tla sepelelanago le dipholisi tša sekolo tša go nyakwa ke lena barutwana. Ke tlile go ba mohlala go lena ka moka gore melao ka moka yeo e beilwego ke rena barutwana e a latelwa, gomme se se tla thuša gore re tle re atlege mafelelong a ngwaga. Bjalo ka mopresidente wa barutwana, ke tlile go šoma le barutwana ka moka le boetapele bja sekolo go hloma dikomiti tša go fapafapana gore mananeothuto a tle a atlege, ka ge le bagologolo ba kile ba bolela gore, tau tša hloka seboka di šitwa ke nare e hlotša. Komiti ya matlotlo e tla netefatša gore barutwana ba ba le sekhwama seo se tla thušago merero ka moka ya barutwana, seo se tla laolwago ke barutwana ka thušo ya tlhokomelo ya morutiši. Sekhwama se tla thuša ka meletlo ya semmušo ya barutwana, sa thuša bana ba gaborena bao ba itlhokelago ka malapeng ka dinyakwa tša thuto, le tše dingwe. Ke tlile go bona gore toka e a phethega go barutwana ka moka. Ke a le tshepiša gore re tlile go atlega ka fase ga boetapele bja ka. Le ge dikakanyo tša ka e le tše mmalwa, ka lebaka la nako ke tla ema gona fa. Ke a leboga."

Dimaka o dirile dimakatšo ka go ba morutwana wa mathomo wa mphato wa senyane wa go phenkgišanela maemo a bopresitente bja lekgotlakemedi la barutwana. Ka morago ga polelo ya Dimaka barutwana ba go latela ba ile ba fa dipolelo tša bona tšeo ba di beakantšego matlakaleng ka go šielana. Ke ge ka morago ga dipolelo tša barutwana Mna Mangena a dumelela barutwana go botšiša dipotšiso gomme baphenkgišane ba di arabile.

Bontši bja barutiši ba be ba šetše ba lemogile gore Dimaka ke morutwana wa go kgona ka phapošing, fela ya gore a ka tsopola molaotheo le di *"act"* tša maleba tša go sepelelana le thuto, seo se ba makaditše le go feta. Ge e le barutwana ka moka e be e le la mothomo ba ekwa morutwana wa go fa polelo ya maemo a godimo ka bokgwari ka tsela ye, kudu ntle le go bala. Morutišigadi Mabale yoo e lego morutiši wa Sepedi leleme la gae mephatong ya lesome go fihla lesomepedi, o be a thabile kudu ge a fetša go lemoga talente ya lesogana le ya go fa polelo. Seo se kgabolago kgopolong ya gagwe ke gore ge diphadišano tša bomolomo di etla, o šetše a na le moemedi wa sekolo o tee sedikothutong, Seleteng le go ya godimo. Ya gore barutwana ba ya go kgetha mang maemong afe, di tla tsebja ke masa ka ge barutwana ba na le setlwaedi sa go kgetha barutwana ba go ba le boganka le go se rate thuto, go ba baetapele ba bona. Na wena sekolo seo o se tsenego goba o se tsenago ga bjale, le kgethile boetapele bja mohuta mang bja lekgotlakemedi la barutwana?

# Dipoelo Tša Dikgetho Tša Boetapele Bja Barutwana

Bagologolo ba dikile ba bolela gore masa ga a na swele, letšatši le ile la hlaba la ba la tshela kgomo mokokotlo bjalo ka mehleng. Ke letšatši la dikgetho tša boetapele bja lekgotlakemedi la barutwana sekolong seo se phagamego sa "Khese" ka ge barutwana ba e bitša bjalo, e le ge ba khutšafatša Khesethwane. Barutwana le barutiši ba ka holong ya sekolo go na le mašata ka ge go letetšwe dipoelo tša dikgetho tša boetapele bja lekgotlakemedi la barutwana. Kua sefaleng bjalo ka mehleng, go beakantšwe madulo pele ga tafola yeo e aletšwego lešela le lebotse, mola ka thokwana go na le boemo bja go fa polelo le thokana ya segodišantšu. Morutiši Mangena o batamela segodišantšu a bile a swere maphephe a dipoelo tša dikgetho.

"A re theeletšaneng! Tšielala ka holong! Nako yela re bego re e letetše e fihlile. Ntle le go senya sebaka, ke tla thoma ka go leboga boetapele bja sekolo se, gammogo le barutiši/gadi ka ge ba re file thekgo ditshepedišong ka moka tša lenaneo la go kgetha boetapele bjo bja lena barutwana. Maitshwaro a lena barutwana a bile a go hloka bosodi, ka gona re a le leboga. Ke tlile go le fa dipoelo tša dikgetho tša boetapele bja lekgotlakemedi la barutwana ka tsela ye e latelago. Ke tlile go thoma ka malokotlaleletšo ka feleletša ka maemo a modulastulo, gomme ge ke fetša modulasetulo o tla fa polelo ya go amogela maemo a gagwe. Malokotlaleletšo ke Mmakole, Thabiso le Tshepiso. Mongwaledi ke Mokgadi mola motlatši wa gagwe e le Thabang. Moswaramatlotlo ke Tebogo, motlatši wa gagwe ke Thapelo. Maemo a motlatšamopresidente a thopilwe ke mang ge e se Tumelo. Mothopasefoka maemong a bopresitente ke mang ge e se Masetla Dimaka!".

Barutwana ba be ba keteka phenyo efe kapa efe ge dipoelo di balwa, ba bile ba felegetša bathopasefoka sefaleng ba opela. Go tsogile lešata le legolo ge barutwana ba thabile ba keteka phenyo ya morutwana wa mphato wa senyane maemong a bopresitente sekolong seo se phagamego sa Khesethwane. E tšere metsotso ye e ka bago ye lesome pele ga ge barutwana ba ka homotšwa go fa mothopasefoka wa bona sebaka sa go fa polelo ya mathomo e le mopresitente. Dimaka o batametše segodišantšu ka boitshepo le mafolofolo.

"Pele ka thuto ya ngwana wa mothomoso pele! Peeeele! Pele ka dipoelo tša go phadima pele! Peeeeele!! Ke a leboga. Mosepediši wa modiro gape o le morutiši wa rena, boetapele bja barutwana, boetapele bja sekolo, barutiši le bana ba sekolo. Legatong la boetapele bja lekgotlakemedi la barutwana le lefsa, ke a le tamiša. Ke thome ka go tšea sebaka se ke leboge barutwana ka moka ba sekolo seo se phagamego sa Khese. Ke sa le gona fao, ke dire boipiletšo go lena ka moka go fa boetapele bjo thekgo gore bo tle bo kgone go tšwetša ditlhologelo tša lena pele ntle le mathata. Ka ge tše dingwe tša ditshepišo ke šetše ke le nyetletše tšona maabane ge ke be ke efa polelo, lehono ke eme mo pele ga lena ke ikana gore mošomo o namile o tšhaba diatla. Re tlile go ba le kopano ya boetapele bja barutwana mathapameng a letšatši le, gore re kgone go ahlaahla ditaba ka moka tša go amana le barutwana. Ka morago ga dikopano tšeo re tla bea letšatši la go tla go boledišana le lena ka diphetho le ditshepedišo tša lekgotla le. Ke tshepa gore le tla re fa thekgo le go hlompha boetapele bjo. Ke a leboga."

Ka morago ga go fa polelo Dimaka o dumedišane le maloka a gagwe ba myemyela, ka nako yeo barutiši le barutwana ka kakaretšo ba e tšwa ka holong ya sekolo. Morutiši Mangena o kgopetše baetapele go šala ka holong, gore a tle a ba abele tsela ya gore ba tlile go leba kae go tloga fa.

"E reng ke le lebogišeng semmušo ge le kgethilwe go ba maloko a lekgotlakemedi la barutwana. Ka ge le le barutwana le swanetše go kwešiša gore le nyaka tlhokomelo ya morutiši gore le tle le kgone go atlega dithutong tša lena. Le mo lekgotleng le ke maikarabelo a ka go le hlokomela letšatši ka letšatši tšhepetšong ya merero ka moka ya lekgotla le. E reng ke laetše gape gore *RCL Gazzete Notice no. 10 of 2016* yeo e lego molaotheo wa lekgotlakemedi la barutwana ka mo porofenseng e laetša gore, ke maikarabelo a ka go bona gore re ba le kopano ya pele mo matšatšing a šupa morago ga dikgetho. Ke thabišetšwe ke polelo ya mopresidente wa lena Dimaka ge a laeditše gore re tla ba le kopano yeo lehono. A re kopaneng ka seripagare pele ga iri ya boraro ka kua phapošing ya dikopano, mošomo o name o tšhabe diatla. Le ka phatlalala kudu ka ge go šetše fela metsotso ye lesomeseswai."

Ke nnete ba rile go phatlalala ba boa ba kopana go ya le ka moo go kwanwego ka gona. Kopano e kgatlampane gomme ya tšea telele fao ba ilego ba se fetše lenaneothero leo le amogetšwego. Sephetho sa gore kopano e šutišetšwe letšatšing la go latela se tšerwe ka ge nako e be e sepetše. Mna Mangena o gapeleditše go sepela le barutwana ba go dula kgojana le sekolo ka sefatanaga sa gagwe, ka ge leswiswi le be le thoma go swara. Aowa, barutwana ka moka ba fihlile magaeng a bona ka moka pele ga ge Mna Mangena a ka leba gae.

Ke mantšiboa, Mna Mangena o emaema ka serapaneng sa merogo o bolela ka mogala le hlogo ya sekolo Mna Moseamo.

"Ke kwele ka mašata gore kopano ya gago le barutwana e be e tloga e le sehloeng Morena Mangena."

"Hlogo ya sekolo, e sa le ke tšea maikarabelo a boetapele bja barutwana mengwageng ye seswai ya go feta, ke a thoma go bona boleng bja maemo a makaaka a boetapele bja barutwana. Gape ke re mopresitente wa bona Dimaka o mmakaditše hlogo ya sekolo"

"Ka ge o tla lemoga gore kantoro ya ka e kgomane le phapoši ya dikopano, ke rile go kwa lešata ka re ke batamela go le homotša ka kwa lesogana le tsopola molaotheo le dikasete tša kgoro ya thuto ya motheo, gomme ka nama ka ikgala ka boela kantorong ya ka. Bjale Mna Mangena kopano ya lena e fedile bjang ka ge ke tšwele ka kgoro ya sekolo ka metsotso ye lesome go tšwa go iri ya bohlano mathapama?"

"Re tšwele leswiswi le swere ebile ga se ka lebelela sešupanako, fela ke kgonthišišitše gore barutwana ka moka ba bolokegile pele ke leba gae. Le ge go le bjalo hlogo ya sekolo, kopano ya rena ga se ya fela. Barutwana ba kwane le modulasetulo wa kopano ebile e le mopresitente wa bona Dimaka gore ba abelane maikarabelo go dintlha tšeo di bego di hlaelela ditherišanong, gomme gosasa ba kopane go feleletša mananeo ao a bona."

"Aowa, ke a go leboga Morena Mangena, o tloga o dira mošomo wo mobotse. Ka ge e le nako ya gago le ba lapa la gago, e re ke se go senyetše sebaka kudu. Ba tamiše ka gae, re tla bolela gosasa, gabotse."

Ke nnete le le latelago le hlokile swele bjalo ka a mangwe ao a ilego le muši wa dikwekwele. Ke Labohlano gomme go ya le ka setlwaedi hlogo ya sekolo o be a dumile gore a fe mopresetente sebaka sa gore a fe polelo thapelong, fela ba kgopetše gore polelo yeo e šutišetšwe Mošupologo ka ge kopano ya bona ya maabane e se ya fela.

Sekolo se tsene gabotse ntle le ditlhotlo tša go se laolege. Ka ge e le Labohlano, sekolo se tšwele ka pela gomme seo se ba file nako ye botse ya go feleletša lenaneothero la bona. Ka morago ga sekolo baetapele ba barutwana ba tšwetše pele ka kopano ya bona ya ba ya fela gabotse ntle le ditšhitišo.

# Thuto Ke Sebetša Se Maatla Sa Go Fetola Lefase

Ke mesong ya Mošupologo, hlogo ya sekolo, barutiši le barutwana ba thapelong pele ga dikantoro tša sekolo. Hlogo ya sekolo o boledišana le barutwana ka morago ga thapelo.

"Ke go leboge Mohumagadi Mabale ka lentšu le lebotse la Morena. Ke nnete gore morutwana o swanetše go ithuta go Morena Jesu le barutiwa ba gagwe, ka go botšiša dipotšiso moo le sa kwešišego ge barutiši ba le ruta. O tloga o opile kgomo lenaka ge o bontšhitše gore barutiwa ba Morena Jesu ba be ba mo hlotla gore a ba utollele dithutwana tšela tša dika. Ga bjale ke tlile go fa mopresitente wa lena sebaka go bolela le lena, fela pele ke dira bjalo, ke tla kgopela tshwarelo, kudu go barutiši ka ge polelo ye e tlile go ama thutwana ya pele ya letšatši. Le ka bethela moetapele wa lena matsogo ge a namela setupo se. Dimaka sebaka se ke sa gago."

"Hlogo ya sekolo, barutiši le barutwana ba sekolo sa gešo. Ke a le dumediša. Ke tla thoma polelo ye ka go tsopola mantšu a mopresitente wa maloba wa Afrika Borwa Ngaka Rolihlahla Mandela ge a rile, ke a tsopola, "Thuto ke sebetša se bohlokwa se maatla seo se ka dirišwago go fetola lefase", ke feditše go tsopola. Mantšu a mokgalabje Mandela a sa le bohlokwa le lehono le. Ke le moetapele wa lena e reng ke le fe pego ya kopano yeo re bilego le yona bekeng ya go feta. Kopano ya rena e tswetše dikakanyo tše di latelago. Sekolo sa Khesethwane se swanetše go tloga maemong a mosela go ya maemong a godimo. Se se tla kgonega ge barutwana re ka latela melao ya sekolo, ra tla sekolong ka nako le go tsenela dithutotlaleletšo. Baemedi ba diphapoši ba tla tliša dipego ka Labohlano le lengwe le lengwe ka maemo a diphapoši tša bona. Tšhupamabaka ya barutwana yeo e nago le mananeo a barutwana e tla phatlalatšwa le barutwana ka moka, morago ga go amogelwa ke lekgotlataolo la sekolo. Ditlhotlo ka moka tšeo di amago barutwana di tla fiwa kantoro ya mongwaledi gore re leke go thušana le boetapele bja sekolo go rarolla a mangwe a mathata ao. Ditšhišinyo tšeo di tla fetišetšwago go lekgotlataolo la sekolo gore di phethagale di akaretša go bulelwa sekhwama sa panka ya barutwana, go dumelelwa ka mangwalo a go dira dikgopelo tša mašeleng le didirišwa go dikgwebo le dikgoro tša mmušo, go nyakana le dirutegi go tšwa mafapheng a go fapafapana go tla go re fa thušo ya thuto, dimentha tša barutwana le tše dingwe. Nna le mongwaledi re kgethilwe go emela barutwana go dikopano tša lekgotlataolo la sekolo. Se ke go ya ka molaotheo wa Afrika Borwa o balwa le *Act* ya dikolo tša Afrika Borwa e lego SASA. Yona e gatelela tokelo ya barutwana ya go ba bakgathatema thutong ya bona, ka go thuša lekgotlataolo la sekolo ka dikgopolo tša maleba tša lephefo tša go sepelelana le nako ya sebjalebjale, gore bokamoso bja rena bo tle bo phadime. Ke e tlaleletše ka gore, rena baetapele re tlile go tšweletša maikarabelo ao go lekgotlataolo la sekolo ka dikgopolo tša go ba le dinyakišišo tša go sepelelana le ntwa ya bone ya intasetiri. Re tlile go šomišana le barutiši le boetapele bja sekolo go phethagatša tše ka moka, le go dira bonnete bja gore melao ya go gatelela barutwana e ya tlošwa. Diprojeke tša rena di akaretša go agelwa bokgobapuku bja go tlabakelwa ka dikhompotara, tlhamo ya kuranta ya sekolo, kabo ya inthanete go barutwana ka moka, tsošološo ya dipapadi ka go fapafapana ga tšona, le tše dingwe. Ka lebaka la nako polelo ya ka e tla ema gona mo. Ke leboga sebaka se hlogo ya sekolo."

Ka morago ga ge Dimaka a abile polelo ya gagwe hlogo ya sekolo o laetše barutwana go ya ka diphapošing tša borutelo. Polelo ya Dimaka e ka ba e tšere metsotso ye lesomehlano ya nako ya thutwana ya pele. Hlogo ya sekolo le barutiši ba be ba thoma go tlwaela boetapele bja Dimaka ga nnyane ga nnyane, le ge ba bangwe ba barutiši ba be ba sa tshepi gore dinepo tša lekgotlakemedi la gagwe di tla kgonagala. Ka morago ga ge barutwana ba tsene ka diphapošing tša bona tša borutelo, hlogo ya sekolo o file barutiši taelo ya gore ba be le kopano ya tšhoganetšo pele ga ge ba ka thoma mananeo a bona a dithutwana tša beke. Barutiši ba kopane ka pela ka go ye nngwe ya diphapošibodulelo tša barutiši.

"Ke le beditše mo go tla go le tsebiša semmušo ka thumo ya dikgetho tša boetapele bja barutwana. Ke dira boipeletšo go lena ka moka ka kgopelo gore re ba fe thekgo, tlhohleletšo le mafolofolo maikarabelong a bona a mafsa. Ka ge ka Laboraro e le kopano ya lekgotlataolo la sekolo ke tla boledišana le modulasetulo gore a lokele taba ye go lenaneothero la kopano. Ka boripana polelo e be e le yona ye fela. A re ba boneng."

Ke nnete barutiši ba tšwele gomme ba ya ka magoro a go fapana e le ge ba hlaganetše go abela barutwana thuto. Ge e le hlogo ya sekolo o rile go tšwa a leba kantorong ya gagwe go ntšha megala pele a ka lebana le mešomo ye mengwe.

"Morena Mokgapatlala, ke le leletša mogala wo go le gopotša ka kopana yela ya lekgotlataolo ka ge e šetše e batametše. Le a nkwa modulasetulo?"

"Le tloga le kwagala gabotse hlogo ya sekolo. Ke tla gopotša maloko a mangwe a batswadi gona ka mo motseng. Ke a leboga."

"Mohlomphegi pele le bea mogala fase, re phethile mošomo wola wa Mangena wa go kgetha boetapele bja lekgotlakemedi la barutwana. Ke kgopela gore le lokele ntlha ye lenaneotherong la kopano ye, gore re kgone go e ahlaahla."

"Ka boikokobetšo le tlhompho mong'aka, na ditaba tša lekgotlakemedi go a hlokega gore di ahlaahlwe ke lekgotlataolo? Go ya le ka tlwaelo ya mehleng, ke be ke gopola gore di no hloka lena hlogo ya sekolo le bolaodi bja mananeothuto, goba le be le no ra gore re ka bolelo ka yona ntlheng ya ditšebišo go lenaneothero la rena?"

"Ke lemogile gore boetapele bja ngwaga wo, ga bo swane le mengwaga yeo e fetilego go ya ka maikemišetšo a bona. Mopresitente wa bona ngwageng wo o na le go mmakatša ka tsebo le mabjoko a gagwe a go ikgetha. Mna Mokgapatlala, go ya le ka fao moisana yona a balago ka gona, ke be ke nagana gore re ba fe sebaka kua lenaneotherong ba kgone go ntšha sa mafahleng a bona."

"Ga ke dumelelana le wena mohlomphegi, ka boikokobetšo bjo bogolo le tlhompho a re se ngangišane ka yona go ya pele, kudu ka ge ke nagana gore barutwana ba swanetše go ba ka diphapošiborutelo ka nako ya kopano ya rena ya lekgotlataolo la sekolo."

"Aowa ke a le kwa modulasetulo, ge le e bea bjalo gona ga go na le ka bothata. Re tla kopana ka Laboraro. Thobela!"

Mna Moseamo ga se a nyaka go rothiša kudu mmutla madi go modulasetulo ka ga botswerere bja Dimaka, goba go ngangišana le modulasetulo wa lekgotlataolo la sekolo sa gagwe go ya pele. O dumetše kakanyo ya modulasetulo ka morago ga go dikadika.

Dithuto di kgatlampane ebile letšatši la Mošupologo le emeletše. Ke nako ya barutwana ya dijo, barutišiphapoši ba feditše go thuša go solela barutwana dijo, gomme go bonala Dimaka a dutše tafolaneng ya gagwe ka phapošing a dira mešomo ya gagwe. Barutwana ba hlabile mašata ba ya godimo le fase ka ntle ga diphapoši. Go tšwelela bašemane ba babedi ba mphato wa lesome ba hlola ka letsikangope, ba lemogile gore morutwana yola ke Dimaka gomme ba boledišana ba batamela monyako gore ba tsene.

"Mošaa! O nagana gore o selo mang? Nkane o itira okare o morutiši ebile o kaone go feta barutwana ba bangwe?"

Dimaka o tlabegile ka ge a sa kwešiše gore na Tshepo o bolela ka eng. O emišitše ka mešongwana ya gagwe e bile o tswalela dipuku tša gagwe.

"O itira okare wena o bohlale mola o re hweditše mo sekolong se. O tsebe gore nna ke na le mengwaga ye mehlano ke tsena sekolo gona mo Khese. Wena o fihlele mo maabane o šetše o itira nke o rutegile go feta Afrika Borwa ye ka moka. O itote mošaa ka gore ke tlo go direla bothata ge o ka nkgata serethe. Masilo a re sepele, ke nagana gore mošemanyana yo o nkwele."

Tshepo o rile go dira dipolelo tša gagwe tša matšhošetši go Dimaka ba tšwa ka kgorwana ya phapoši. Dimaka o šetše a makatše a sa kwešiše gore na ke phošo efe yeo a e dirilego go morutwana yo, ka ge e se bagwera ebile ba se a tlwaelana. Ka morago ga tiragalwana yela, Dimaka o leka go kopantšha dikgopolo. O tšere metsotswana a nagana gomme a thoma go kwešiša gore mothaka yola o na le mengwaga ye mehlano mo sekolong, fela o sa dira mphato wa lesome. Se se šupa gore o boeleditše mephato ye mengwe. Dimaka o beile taba ye leswaopotšišo, gomme a tšwela pele ka mešongwana ya gagwe.

# Kopano Ya Lekgotlataolo La Sekolo

Ke mesong ya Laboraro, Dimaka o kokota ka kantorong ya hlogo ya sekolo, gomme o a tsena ka morago ga go dumelelwa ebile o tšea madulo.

"Ka ge lehono e le letšatši la kopano ya lekgotlataolo la sekolo, ke bone bokaone e le go tla go lena gore ke kwešiše tshepedišo ka morago ga gore Mna Mangena ba laetše gore ga se nke go be le morutwana yoo a ilego a ba karolo ya lekgotlataolo la sekolo. Seo bona ba se gopolago ke fela ge barutwana ba biletšwa go seka melato ge ba beditšwe ke lekgotlataolo la sekolo."

"Ke nnete seo se bolelwago ke Morena Mangena, ebile maloba ke boletše le modulasetulo ka taba ye, ke ge a laetša gore ga go bohlokwa gore barutwana ba be karolo ya lekgotlataolo la sekolo."

"Mohlomphegi, e ka ba le ba bontšhitše bohlokwa bja gore barutwana ba be karolo ya lekgotlataolo la sekolo?"

"Ke dirile bjalo le ge e le gore ga se ka e latišiša go kaalo, fela ka gobane o tloga o ikemešeditše go tsenela kopano ye, ke tla boledišana le modulasetulo pele ga ge kopano e thoma. Ke tla go bitša ge ke kwane le yena."

"Morena Moseamo, ke a leboga. Le se ke la tshwenyega le gatee, ke tloga ke itokišeditše go abelana le lekgotlataolo dikakanyo tša barutwana gore dipoelo tša sekolo di kaonafale. Seo ke se kgopelago ke sebakanyana."

"Ke go kwele Dimaka, ke tla netefatša gore modulasetulo o dumelelana le go ba gona ga gago kopanong ye. O ka boela phapošing."

Dimaka o tšwele ka kantorong a leba ka phapošing ya gagwe ya borutelo ka ge e be ele gona nakana ya mathomo e lla. O rile go tšwa ya ba modulasetulo wa lekgotlataolo la sekolo o a tsena.

"Le šetše le fihlile modulasetulo, le ka tšea madulo re nape re tsene ditabeng. Pele ke lebala lesogana le le kopanego le lona mo monyako ke mopresetente yo mofsa wa lekgotlakemedi la barutwana. O kgopetše gore a be karolo ya kopano ya lehono."

"Thobela hlogo ya sekolo, ke gopola gore re be re e rumile taba ye. Ke sa eme gona mola ntlheng ya gore barutwana ke bana ba swanelwa ke go ba ka diphapošing ka nako ya dithuto, e sego go tsenela dikopano tša batho ba bagolo. Le a tseba gore ke fela ge morutwana a biditšwe ke lekgotlataolo moo a ka bago karolo ya kopano."

"Ke dumelelana le lena modulasetulo, eupša ke lekile go mo eletša ka yona taba yeo, fela moisana yola o kgopetše go noba karolo gore ba kgone go tliša ditlhologelo tša bona go lekgotlataolo gore le ba fe tsebe. Ka gona ke nagana gore re mo fe sebaka gore a se tle a huetša barutwana go ba kgahlanong le boetapele bja sekolo."

"Ka ge le na le maitemogelo hlogo ya sekolo, ke tla dumela go re a tle a ntšhe sa mafehleng a gagwe gomme ke tla mo eletša gore o swanelwa ke go ba ka phapošing gore a tle a tšwelele dithutong tša gagwe."

"Di a kwagala Morena Mokgapatlala, ke tla romela motho gore a mmitše ge kopano e thoma. Ke kgopele le mothuši wa ka gore a lokiše lenaneothero pele re ka thoma."

Hlogo ya sekolo Mna Moseamo o tšwetše pele go ahlaahla ditaba tše dingwe tša sekolo le modulasetulo Mna Mokgapatlala, pele ba ka ya ka phapošing ya dikopano go thoma ka kopano ya letšatši. Ba rile go fetša ditherišano hlogo ya sekolo a kgonthišiša gore dinyakwa ka moka tša kopano di beakantšwe pele a ka bitša maloko ka moka a lekgotlataolo la sekolo gammogo le morutwana Dimaka.

Ke nnete maloko ka moka a lekgotlataolo la sekolo a feleletše ka kopanong, modulasetulo o diragatša maikarabelomagolo a gagwe, e lego go eta pele lenaneo la kopano. Modulasetulo o thomile ka go gopotša maloko ka moka ka melao ya dikopano pele a ka bala lenaneothero, gomme maloko a fetola le go amogela lenaneo leo gore e be la semmušo la letšatši le. Bjalo ka setlwaedi modulasetulo o kgopetše morutišigadi Mabale ebile e le mongwaledi wa lekgotlataolo la sekolo gore a bule kopano ka thapelo. Aowa ka ge Moh Mabale e le mme wa thapelo o phethagaditše kgopelo ya modulasetulo ka bokgwari le botswerere. Kopano e a kgatlampana go ya le ka setlwaedi ntle le mathata.

"Re a leboga hlogo ya sekolo ka mantšu a mabotse a dikamogelo. Ke dumela gore bjalo ka mehleng re tla lokologa le go tšea karolo dikahlaahlong ka moka. Ka ge hlogo ya sekolo ba šetše ba tsopotše ka ga dikgetho tša boetapele bja barutwana, ke tlile go fa morutwana wa rena sebaka sa go bolela le lekgotla le. Pele ke dira bjalo, ke laetše gore ke bile le dipoledišano le hlogo ya sekolo ka taba ya go dumelela morutwana kopaneng ya mohuta wo, kudu ka nako ya sekolo ka ge ke dumela gore maikarabelo a morutwana ke go ba ka phapošing a rutwa. Go bolela nnete ke kgahlanong le kgopolo ye, le ge go le bjalo ke dumela gore morutwana o tla iphetolela ka maikutlo a ka polelong ya gagwe. Sebaka ke sa gago morwa."

"Modulasetulo, hlogo ya sekolo, maloko a lekgotlaketaolo ka moka, ke re thobela. Modulasetulo, ka boikokobetšo bjo bogolo le tlhompho, ntumeleleng ke thome ditherišano tše ka go tsopola karolo ya boraro, karolwana ya 18(2)(a) ya *SASA* yeo e gatago gotee le molaotheo wa naga, ka go laetša gore ke maswanedi gore lekgotlataolo la sekolo le be le kopano ka bonnyane e tee yeo e akaretšago batswadi, gammogo le barutwana. Go araba potšišo ya lena modulasetulo ke kgopela gape go laetša gore karolo ya 23(2)(d) ya yona *ACT* ye ya dikolo, e bolela gore barutwana go thoma ka mphato wa seswai go fihla go wa lesomepedi ba na le maloka a go ba maloko a lekgotlataolo la sekolo sa mmušo. Ke buše ke laetše gore ke dumelelana le lena modulasetulo ka diperesente tše lekgolo, gore moreromogolo wa barutwana ke go ba ka phapošing, fao ba hwetšago thuto ya maleba ya boleng bja godimo. Ke be ke laetše gape gore le nneteng ka ge polelo ya lena e gata go tee le *RCL Gazzete Notice no. 10 of 2016* e balwa le *RCL Compliance Circular* yeo e lego molaotheo wa lekgotlakemedi la barutwana ka mo porobenseng. Bjale, ke le Dimaka Masetla morutwana wa mphato wa senyane, ke ikana go lena batswadi ba ka, gore ke morutwana wa go hlokomela dithuto tša ka. Ke balela pele dithutwana tša ka ka mehla, le barutiši ba ka ntlhatsela, ka gona go tšea karolo ga ka mo lekgotleng le go ka se ame gampe dithuto tšaka. Ka boikokobetšo modulasetulo, hlogo ya sekolo gammogo le maloko ao a hlomphegago a lekgotlataolo la sekolo se sa gešo, ke a leboga."

Ka morago ga mantšu a Dimaka ke ge modulasetulo le maloko a mangwe a lekgotlataolo ba hemela godimo, mola ba bangwe ba tomotše mahlo, e le ge ba sa leka go šila ka teng ya dikgopolo tša bona tšeo di boletšwego ke morutwana yo. Seo se ba makaditšego le go feta ke gore Dimaka ke morutwana wa mphato wa senyane. Na ke bohlale bja mohutamang bjo, gona mo nageng ya Mawa? O tsebe ka nako yeo hlogo ya sekolo le morutišigadi Mabale ba be ba ja dimyemyelo, ke ra tšona di semaele, e le ka ge e se sa le semaka go bona seo se dirilwego ke Dimaka. Ka pejana ke ge modulasetulo a goga moyana pele a ka boela tirong ya gagwe ya bodulasetulo.

"Maloko a gešo ka ge le ikwetše ka tša lena ditsebe. Ke nagana gore re mo fe ditsebe a feleletše ditaba ka moka tšeo a re swaretšego tšona." A realo Mna Mokgapatlala, ke ge maloko a mangwe ba dumelelana le yena ka dihlogo.

"Morwa, tia di lle, o ntšhe boloko ka moka. Sebaka ke sa gago."

"Ke a leboga modulasetulo. Batswadi ba ka, ke kgopela gore le ntumeleleng ke tšwele pele polelong ya ka ka go le abela bokamorago bja gore, re le boetapele bja barutwana re bile le dikopano tše mmalwa ka morago ga thumo ya dikgetho ka thekgo le tlhahlo ya boetapele bja sekolo ka morutiši Mangena. Dikopanong tšeo re kgonne go tla ka mananeo ao re dumelago gore a gata ka mošito o tee le moeno gammogo le melao ya sekolo sa rena. Re dirile dinyakišišo tša go tsenelela go hwetša mabaka ka moka ao a ka re kgontšhago go fihlelela mananeo a rena. Ka lebaka la nako ke tla tsopola dikarolwana tše dingwe tša mananeo ao re tlilego ka ona. Re kgopela tumelelo go lena lekgotlataolo la sekolo sa gešo leo le hlomphegago, ya go bulelwa sekhwama sa barutwana sa panka seo se tla šomišwago go dira dikgopelo tša mašeleng ao a tla thušago go lefela mananeo a barutwana a semmušo. Mananeo a rena a akaretša go thuša barutwana ba bahloki, meketeko ya barutwana, dithušathuto, maeto a thuto le a mangwe a mmalwa ao a lego mo tokomaneng yeo le e swerego. Re hlomile sehlophatšhomo sa barutwana seo se tla tšwago masolo a go tsomana le mašeleng go bengdikgwebo le dikgoro tše dingwe tša mmušo. Re hlamile dithempoleite tša mangwalo ao ge le dumelelana le rena le tla re tlaletša, la kiba setempe sa sekolo le go a saena gore re kgone go tšwetša masolo a rena pele. Re laeditše le mananeothuto le dipholisikakanywa tšeo re kgopelago gore le di lebelele ka ge e le tšeo re le barutwana re dumelago gore di tla re thuša gore re hwetše dipoelo tša godimo dithutong tša rena. Sa mafelelo ke rata go tšea sebaka se ke le leboge legatong la barutwana ka boikgafo, go re fa tsebe le maitapišo a lena gore bokamoso bja rena barutwana bo phadime. Modulasetulo, ke a leboga."

Modulasetulo o lebogile Dimaka le go mo tshepiša gore ba tla sekaseka dingwalwa tša bona le go tšea diphetho ka mananeo le dikgopelo tša bona. Ba lemošitše Dimaka gore ka ge tše dingwe tša dipoledišano tša kopano ye e se tšeo di loketšego barutwana, ka gona ba tla mo lokolla gore a boele phapošing a se hlaelwe ke mananeothuto oa e lego gore a sa kgantlampana ka diphapošiborutelo. Aowa go bile bjalo ka morago ga ge Dimaka a sepetše ba šala ba sohlasohla ditaba ka moka go fihlela ba ruma kopano ya bona.

# Meketeko Ya Letšatši La Bafsa

Ke Labohlano la 16 kgweding ya Phupu, holo ya sekolo seo se phagamego sa Khesethwane e tletše ka barutwana. Motlalo wo ke ge go ketekwa letšatši la bafsa ka nageng ya Afrika Borwa. Moketeko wo o beakantšwe ke lekgotlakemedi la barutwana fao go memilwego sebolediseqolo sa letšatši Kopano, moithuti go tšwa Yunibesithing ya Tzaneen. Barutwana ba apere diaparo tša sekolo ntle le bao ba lego lenaneong la go tla go diragatša sefaleng. Motlatšamongwaledi o kgethilwe go ba mosepetšalenaneo la letšatši le. Moya go foka wa lethabo ka ge go beditšwe le badiragatši ba bafsa ba go tuma go tšwa tikologong ya Bolobedu go tla go thabiša bana ba sekolo. Hlogo ya sekolo o kgopetše Mna Mangena le barutiši ba bangwe go ba gona go tla go netefatša polokego ya barutwana. Lenaneo la semmušo le a kgatlampana ntle le mathata.

"Rea leboga Moswaramatlotlo wa lekgotlakemedi la barutwana ba sekolo sa gešo Tebogo ka mantšu a borutho a dikamogelo. Ke dumela gore batho ka moka kudu baeng ba rena ba tla ikwa ba lokologile go keteka le rena lehono le. O nkgahlile kudu o laetša gore wo ke moketeko wa bafsa e sego batho ba bagolo, ka gona morethammino o swanetše go betha legala la go fiša, e le ge a emeletša mongwaledi wa rena go tla go tsebiša sebolediseqolo sa rena sa letšatši. Morethammino, nke o retha moo re bone meragelo ya mongwaledi ge a namela sefala, gomme ke dumela gore a ka se phalwe ke Moswaramatlotlo *nie*. Retha morethammino!"

Mongwaledi o emeletše le yena a betha meragelo ya bafsa ya sebjalebjale. O tšere metsotso ye e ka bago ye mebedi a bina le barutwana ba bangwe bao ba bego ba bina le yena kua sefaleng, pele ba ka fologa le go boela madulong a bona.

"Le lena le a bona gore ke roba letheka akere. Lekgotlakemedi ka fase ga boetapele bja Mopresetente wa rena Dimaka, barutiši, baeng ba rena gammogo le barutwanakanna. Ke a le dumediša ka moka ebile ke re magato ka moka a latetšwe. A ke thome ka go leboga mosepetšalenaneo ebile e le motlatšamongwaledi wa lekgotlakemedi la rena Thabang, ka mošomo wo mobotse wo a o dirago wa go otlela lenaneo le. Ke eme mo go tla go tsebiša seboledisegolo sa moketeko wa letšatši la rena la bafsa. Seboledi sa rena se belegwe gona mo motseng wa Mawa, ngwageng wa ketepeditharo. Se thomile leeto la sona la dithuto sekolong sa digotlane sa Thako ka ngwaga wa ketepedišupa, fao se rilego go aloga sa phetha mphato wa bošupa sekolong sa tlasana sa Mawa. Mopresetente, ntumelele ke laetše gore seboledi sa rena ke yo mongwe wa barutwana ba pele ba sekolo sa gešo seo se phagamego sa Khesethwane, yoo a remilego tlou ka dihlora. O rile go phetha mphato wa marematlou a amogelwa Yunibething ya Tzaneen fao ka se sebaka e lego moithuti wa ngwaga wa boraro wa grata ya *Bachelor of Science*. Ereng ke laetše gape gore seboledi sa rena ke mongwaledi wa lekgotlakemedi la baithuti Yunibesithing ya Tzaneen. A re emeng ka maoto e le ge re hlompha le go amogela seboledi sa rena. Ke bolela ka mang ge e se mongwaledi wa lekgotlakemedi la baithuti go tšwa Yunibesithing ya Tzaneen, Kopano. Morethammino! Wena retha legala la go fiša moo."

Aowa ke nnete seboledisegolo se emeletše go tee le batho ka moka ka legoa le legolo, gomme le mmino wa sebjalebjale woo o bitšwago *Amapiano* o be o gagaba e ke o ka rutlulla tlhaka ya holo. Barutwana ba thabile, go a binwa ebile go monate. Ka morago ga metsotswana ke ge barutwana ba dutše fase gore seboledi se thome go fa polelo ya sona yeo e beakantšwego. Kopano o gare o fa polelo ya gagwe ye maatla ya go sepelelana le moeno wa letšatši. Ka nako yeo barutwana ba hlwaile tsebe le go fela ba betha diatla e le ge ba dumelelana le tšeo a di bolelago.

"Mopresetente Dimaka, ntumelele ke fetše polelo ya ka, ka go laetša gore ke ikwa ke le matlotlo le go hlomphega ge le ile la bona e le maswanedi go re mema moketekong wo. Ke mathomo ke bona boetapele bja barutwana bja mahlahla le bokgoni bja mohuta wo. Ka nnete bokamoso bja naga ya gešo ya Afrika Borwa bo ka diatleng tše borutho. Le ge ke le moetapele wa baithuti ba Yunibesithi, ke rata gape go laetša gore ke ithutile tše dintši go lena barutwana ba sekolo sa gešo sa Khese. Ka nako ya rena go be go se ka tsela ye, ebile ke dumela gore le dipoelo tša mphato wa marematlou di tlile go phadima mafelelong a ngwaga wo. Mosepetšamodiro, polelo ya ka e tla felela gona mo, ke a leboga."

Barutwana le batho ka moka bao ba lego moletlong wo ba emeletše le go betha matsogo ge seboledisegolo sa letšatši se fetša go fa polelo. Dimaka bjalo ka modulasetulo o emeletše le go gahlanetša Kopano, gomme ba swarane ka matsogo le go gokarana pele ga ge ba ka tšea madulo a bona gona moo sefaleng.

"Re tloga re leboga kudu ka polelo ye maatla ya mongwaledi wa baithuti ba Yunibesithi. Ge e le nna Thabang ke tloga ke khotšhe ka tsebo le kwešišo ya bohlokwa bja dipolotiki tša bafsa ka mo nageng ya Afrika Borwa. Ke dumela gore le barutwanakanna ba ikwetše ka tša bona tše pedi. Ga bjale ke tlile go šoma ka tsela ye, ka ge re lebile thumong ya lenaneo la rena la semmušo. Mopresetente o tlile go fa mantšu a ditebogo le go iphetolela go polelo ya seboledisegolo legatong la barutwana ka moka, gomme go tla latela ditsebišo ka motlatšamoswaramatlotlo Tebogo, ge e le Makole o tla re tswalelela lenaneo la rena la semmušo. Pele ke dula fase le go bitša Mopresitente ke tla tšea motsotswana wo go le leboga ka moka, ge le ile la mpha tlhompho kudu barutwanakanna. Maitshwaro a lena e bile a mabotse ka gona itshwareng bjalo go fihlela mafelelong a moketeko wo. Morethammino nke o rethe legala, e le ge o emeletša Mopresetente wa lekgotlakemedi la sekolo seo se phagamego sa Khesethwane, Dimaka. Mopresetente sebaka se ke sa gago."

Bjalo ka ba bangwe bao ba fetilego, Dimaka le yena o emeletše a bina a thekgwa ke barutwana ba bangwe. Go bolela nnete Dimaka o be a palelwa ke go bina le ge e le gore o be a no iteka. Aowa, ga se ba tšee nako ye ntši pele ba ka boela madulong, gomme polelo ya Mopresitente e thome go kgatlampana.

"Mosepetšalenaneo Motlatšamongwaledi Thabang, a ke leboge sebaka se. Mongwaledi wa lekgotlakemedi la baithuti ba Yunibesithi ya Tzaneen Kopano, lekgotlakemedi la gešo boatapeleng bja Motlatšamodulasetulo Tumelo, barutiši, barutwana gammogo le baeng ka moka, ke re madume go lena ka moka. Moeno wa moketeko wo wa letšatši la bafsa ke, ke a tsopola, "Bohlokwa bja dipolotiki tša bafsa ka mo nageng ya Afrika Borwa", ke feditše go tsopola. Mongwaledi Kopano, o nkgwathile maikutlo ge o be o laetša maemo a thuto ya godimo kua dikholetšheng le diyunibesithing ao a sa lešego di wela. Ke go netefaletša gore le gona mo dikolong tšeo di phagamego go sa na le ditlhotlo tšeo re lebanego le tšona. Ke dumelelana le wena Mongwaledi gore bafsa ba 1976 ke bona ba bangwe bao ba laeditšego bohlokwa bja dipolotiki tša bafsa ka mo nageng, ka ge ba lwetše ditokelo tša thuto tšeo re ipshinago ka tšona le lehono le. Ke nnete gore ntwa ya thuto ka mo nageng ya gešo re sa le kgole le go e hlola le ge e le gore re batametše. Ke dumela gore re le bafsa dikolong tše di fapanego re swanetše go tšea maemo a rena a boetapele gore re tle re kgone go huetša boleng bja thuto yeo re e hlokago. Ke kwele bose le go feta ge ke lemoga gore o moetapele wa baithuti yoo a tšwelelago gabotse dithutong tša gagwe. Se ke sešupo sa go laetša gore ka nnete bokamoso bja rena bo matsogong a borutho. Ke duma e ke Kgoro ya Thuto ya motheo e ka bea molao wa gore barutwana bao ba tsenelago bophenkgišani bja boetapele bja lekgotlakemedi la barutwana, e be bao ba tšwelelago gabotse dithutong tša bona. Re le boetapele dikolong re swanetše go šoma ka maatla dithutong tša rena gore re tle re be mohlala wo mobotse go barutwana bao re ba etilego pele. Mongwaledi o nneteng ge o re bafsa ba swanetše go ba karolo ya dipolotiki, gore re tle re kgone go rarolla mathata ao a lebanego le bafsa ba lehono ka tsela ya maleba. Ke rata go go netefaletša gore boetapele bja bafsa bja sekolo se, bo dula bo le komanamadula'bapile go lwela tokelo ya thuto ya ngwana'mothomoso. E re ke tšee sebaka se ke go kgopele gore o batamele kgauswi le nna ka ge ke nyaka go ruma polelo ya ka. Lehono ke letšatši la go keteta letšatši la bafsa ka mo nageng ya Afrika Borwa.

Mongwaledi Kopano, ka mpho ye re le boetapele bja lekgotlakemedi la barutwana, legatong la barutwana gammogo le boetapele bja sekolo se, re leboga ge o ile wa re hlompha ka go amogela taletšo ya rena. Re kgopela o re lebogele go boetapele bja lekgotlakemedi la baithuti kua Yunibesithing ya geno ge o boela morago. Re a leboga, o ka tšea madulo a gago. Ga bjale ke rata go leboga boetapele bja sekolo ge bo ile bja dumela gore moletlo wo o be gona lehono. Ke leboge barutiši ba gešo ka thekgo yeo le re filego yona go tloga dipeakanyong tša moletlo wo. Ke fetše ka go leboga barutwana ba rena ka maitshwaro, thekgo le tlhompho yeo le fago boetapele bja lena ka mehla. A re ketekeng letšatši le la rena ka maikarebelo. Ke a leboga."

Lenaneo la semmušo le tšwetše pele go fihla mafelelong ntle le mathata a go se laolege. Ka morago ga go tswalela lenaneo, ke ge badiragatši bao ba memilwego ba thabiša barutwana ka meragelo ya boithabišo ya bafsa go fihla ba fetša gomme go phatlalalwa.

# Molato Wa Tšhomišompe Ya Diokobatši

Mafelelo a beke a fetile nke a tšerwe ke phefo, ke Mošupologo barutwana ba felelela go tsena ka kgoro ya sekolo. Hlogo ya sekolo o laetše motlatši wa gagwe Mna Ramokgola go tšea marapo ka go eta pele thapedišo ya barutwana pele ba ka ya ka diphapošiborutelo. Mna Moseamo o dirile seo ka ge go na le moeng wa motswadi wa ngwana yo a ratago go boledišana le hlogo ya sekolo ka tšhoganetšo.

"Thobela. MmaRagolane le reng le re phakela e sa le mesong? Go senyegile kae le tla re tšhoša? Le ka tšea madulo."

"Hlogo ya sekolo, thobela. Ke kgopetše mošomong le go ba tsebiša gore ke ile go fihla ka morago ga nako, gore ke tle ke bee seo se diragaletšego morwedi wa ka ka Labohlano. Morena Moseamo, morwedi wa ka o tlišitšwe ka gae a kukilwe ke batswala ba gagwe bao a tsenago le bona sekolo gona mo Khesethwane. Ge a fihla ka gae o be a etšwa lephilo ka ganong, ka mahlatse rangwane wa gagwe o be a le gona gomme a nama a mo kitimišetša bookelong ka sefatanaga. Ge le bona ke le mo ke tlile go mo laelela ka ge a sa le bookelong le ge e le gore o tšwele kotsing ya go loba bophelo."

"Aowi! Bjale dingaka di re bothata ke eng ka Maphoko? Le ka bolela le nna ge fela le lokologa mmaRagolane."

"Ye ke yona tabakgolo ye ke e tletšego fa hlogo ya sekolo. Dingaka di utollotše gore ke tšhomišompe ya diokobatši. Ke tshwenyegile kudu hlogo ya sekolo ka gobane kotsi ye e diregile gona mo sekolong sa lena."

"Le ge e le gore re na le bothata bja bana ba go fola mo sekolong, ga se nke go be le kotsi ya mohuta wo. Na le na le bohlatse bja gore taba ye e diregile ka kgorong ya sekolo?"

"Maphoko o rile go phapharega kua bookelong, a bolela gore o filwe le go gapeletšwa go fola diokobatši ka mo sekolong, gomme sa go makatša ke gore ge a swanetše go bolela motho goba batho bao ba dirilego se o thoma go lla. Ke lekile ka mešego fela go hwetša modu wa taba, fela ke paletšwe. Ke nagana gore bana ba rena ga se ba bolokega mo sekolong. Bjale hlogo ya sekolo taba ye ke e bega go lena semmušo gore le mekamekane le yona."

"Le se iše pelo mafiša mma, ke tla nama ke thome dinyakišišo tša ka gare gore re utolle modu wa bothata bjo."

"Ke a leboga hlogo ya sekolo, ke tla dula ke beile mokganya phatleng. Ke kgopela gore le ntsebiše dipoelo tša nyakišišo ka bjako. Ke kgopela difate."

"Aowa le kwagetše, ke tla dira bjalo ntle le go dikadika."

Motswadi wa Maphoko o rile go tšwa kantorong ya hlogo ya sekolo, ke ge Mna Moseamo a laela mothuši wa gagwe go bitša Mna Mangena ka kantorong, gore a tle a mmegele ka taba ye. E be e le la mathomo Mna Mangena a lemoga taba ye ka ge a file hlogo ya sekolo pego ka mogala ka morago ga moletlo wa barutwana wa Labohlano la go feta. Mna Mangena o tshepišitše hlogo ya sekolo gore o tla bitša kopanotšhoganetšo ya lekgotlakemedi la barutwana gore ba tle ka maano a go utolla bagononelwa tabeng ye ya sekobo. Mna Moseamo o file taelo ya gore pego ya taba ye e tšwelele pele letšatši la lehono le eya le muši wa dikwekwele, gomme Mna Mangena o dumelelana le yena.

Mna Mangena o rile go ba le kopanotšhoganetšo le lekgotlakemedi la barutwana ba dira dinyakišišo gomme ba ngwala pego. Dinyakišišo tša bona di utollotše gore go na le kgwebo ya diokobatši yeo e gagabago ka kgorong ya sekolo. Barutwana ba gana go tla ka maina a bagononelwa ka ge ba se na tshepo ya gore maphelo a bona a tla bolokega. Dimaka le maloko a gagwe a lekgotlakemedi la barutwana ba tlile ka lenaneo la matlafatšo ya polokego ya barutwana ka sekolong, gomme ba kgopetše Mna Mangena go fihliša lenaneo leo go boetapele bja sekolo. Lenaneo le rile go fihla kantorong ya hlogo ya sekolo, gomme la amogelwa le go netefaletšwa go fiwa šedi ya pele ke hlogo ya sekolo. Na wena o nagana gore ke dintlha dife tše bohlokwa tšeo di ka lotwago ge go hlangwa lenaneo la polokego ya barutwana ka dikolong?

# Mošaa! O Be O Nagana Gore Nka Se Go Hwetše?

Ka ponyo ya leihlo, go fetile matšatšinyana, gomme lehono ke Laboraro. Dithuto di kgatlampane lona letšatši le ebile sekolo se tšwele, mola le bile le dutše dihlogong tša thaba la Laboraro. Dimaka ke morutwana wa gore ge sekolo se e tšwa o šala sekolong ka phapošing ya gagwe, a dira mešongwana ya gagwe pele a ka ya gae. O be a e tšwa sekolo le barutwana ba mephato ya lesome go fihla ka lesomepedi, ka ge bona ba na le lenaneokgapeletšo la go tsenela dithutotlaleletšo tša mathapama go fihla ka iri ya bone le seripa. Le ge yena a sa gapeletšege go tsenela dithutotlaleletšo tše, o be a itšhalela gomme a dira mešomo ya gagwe.

Aowa barutwana ba mephato ya ka godimo ga gagwe ba tšwele ka moka, eupša yena o tšwele mafelelong ka ge a ile a re go tšwa ka phapošing a tsena ka kantorong ya hlogo ya sekolo. O ile fao go ya go hwetša pego ya thumo ya kopano ya lekgotlataolo la sekolo malebana le dikgopelo tša barutwana go akaretšwa le lenaneo la polokego ya barutwana ka sekolong. Aowa, hlogo ya sekolo o mo file yona, gomme a tšwa e le ge a lebile gae. Dimaka o rile go tšwa ka kgoro ya sekolo o sepetše metsotso ye e ka bago ye meraro pele a ka bona Tshepo le Masilo ba eme mo a yago go feta gona. Baisa ba ba bile ba apere mengatse ya bona yeo e ileditšwego kua sekolong. Dimaka o rile go ba bona a tlelwa ke kgopolo ya gore baisa ba ba fihla mengatse ye ka mekotleng ya bona ya dipuku ge ba le kua sekolong, ka ge mengatse ye e se yeo e dumeletšwego.

"Mošaa! O be o nagana gore nka se go hwetše?" Tshepo o bolela a batamela Dimaka gomme ka bjako o mo swara ka diaparo, a tšea mokotla wa Dimaka a o fošetša kua thoko.

Ge tše ka moka di diragala Dimaka o maketše gore na ke eng se segolo seo a se dirilego mothaka yo. Go reng moisana yo a le bogale ka tsela ye? Tshepo o thomile go betha Dimaka, gomme ke ge Dimaka a thoma go leka go itwela. Tshepo o ile a phathakga Dimaka gomme a bitša Masilo gore a sware Dimaka matsogo gore a kgone go mmetha gabotse a sa itwele. Masilo e be e le senatlanyana ka gona o be a feta le Tshepo ka maatla, mola Tshepo e le yo mogolwane go Dimaka ka mmele. Tshepo o tšwetše pele go betha Dimaka gašoro mo sefahlegong le dimpeng ka matswele. Ke ge basadi ba metse ya kgaoswi ba hlaba mašata ka ge ba lemoga ntwa yeo e dirwago ke barutwana ba. Ke ge batho ba thoma go kitimela lefelong la ntwa. Tshepo le Masilo ba rile go lemoga seo ba lahlela Dimaka ka thoko ya tsela ba nama ba tsena bjang botala.

Setšhaba se rile go kwa mokgoši sa tšwa ka makatanamane e le ge se phalalela sebatakgomo se sa mosegare. Ba mathomo ba go fihla go Dimaka ba lemogile gore bophelo bja ngwana yo bo kotsing, ka bjako ke ge yo mongwe wa batswadi o roma ngwana wa gagwe gore a kitime kudu go ya go bitša hlogo ya sekolo ka ge ba bona koloi ya gagwe kua sekolong. Dimaka o be a gobetše gošoro, a etšwa madi ka dinkong le mo molomong wa gagwe go na le mekgeledi ya madi. Basadi le banna ba be ba tšhaba le go mo swara, sa bona e le go fodiša dinala ba letetše gore hlogo ya sekolo a fihle le koloi a kgone go mo kitimišetša bookelong. Go ya le ka moo Dimaka a bego a šetše a rurugile sefahlego ka gona, barutwana bao a tsenago le bona ka phapošing ba be ba sa mo tsebe.

Hlogo ya sekolo o rile go bitšwa lefelong la ntwa a fihla ka pela, gomme e bile yena wa mathomo wa go lemoga gore morutwana yo ke Dimaka. Seo a se dirilego sa pele ke go leletša bookelong gore ba romele sefatanaga sa go sepetša balwetši. Sa bobedi o leleditše motswadi wa ngwana mogala, gomme mmago Dimaka o rile o tla kitimela lefelong leo la tiragalo ka bjako. Setšhaba se be se šetše se thoma go popoduma se šupašupa hlogo ya sekolo ka monwana se le thokwana, go fihlela yo mongwe wa banna ba motse a batamela kgauswi le hlogo ya sekolo. O rile go fihla kgauswi le hlogo ya sekolo ba thoma go boledišana. Ge ba fetša ke ge hlogo ya sekolo a retologa a thoma go bolela le setšhaba.

"Setšhaba sa gešo le se ke la makala ge ke sa rwale morutwana yo a gobetšego ka sefatanaga sa ka. Ke tšhaba go tshela molao wa naga go akaretšwa le dipholisi tša kgoro ya thuto ya motheo. Molao ga o ntumelele gore ke rwale morutwana yo a gobetšego gošoro ka sefatanaga sa ka, ka ge se se na le maloka goba maswanedi a go rwala balwetši. Le tla ntshwarela ka ge ke lemošitšwe gore le na le dipelaelo. Le nna ke tshwenyegile kudu bjalo ka mang le mang. Ba bangwe le tla gopola gore hlogo ya sekolo sa Tlhohlokwe o ile a rakwa mošomong mengwageng ye mehlano ya go feta, ka ge a ile a rwala morutwana yoo a bego a le mmeleng ka sefatanaga sa gagwe. Ngwanenyana o ile a belega pele sefatanaga sa hlogo ya sekolo se fihla bookelong, gomme lesea la gagwe la loba bophelo. Seemo se sa bjale se ka bea bokamoso bja bana ba ka kotsing."

Hlogo ya sekolo o rile a sa leka go itlhaloša ke ge Matšatši a fihla le go hlaba mokgoši wa mahlomolapelo, ge a lemoga gore mošemane yo a rapaletšego fase ke morwa wa gagwe. Matšatši o letše sello sa go hlomola le moloi pelo, gomme a wela fase ka matolo e le ge a lekola ge e ba ngwana wa gagwe o sa phela na. Seo se bego se direga ka nako yeo se be se kweša bohloko le go feta. Ka morago ga motsotsonyana ke ge setšhaba se laetša go se amogela tlhalošo ya hlogo ya sekolo, ba bile ba mo rweša maikarabelo le go mo laela gore ge morutwana yo a ka loba bophelo pele ga bona, mola yena a na le sefatanaga ba tlile go mo raka sekolong sa bona. Tša gore motho ge a hloka thušo ya pele o tla emela koloi ya go sepetša balwetši le ditsebi tša thušo ya pele, ga se tšeo setšhaba sa Mawa se di tlwaetšego tšeo. Mo ke magaeng, ga se motsetoropong wa Tzaneen, moo hlogo ya sekolo a dulago gona.

Hai! Bjale gona ba se re ba e bona e hlotša ba nama ba e nametša thaba. Moya wo o bego o foka ka nako yeo o dirile gore hlogo ya sekolo a lwe le dikgopolo tša gagwe. Taba ye ke phiri ya mekokamebedi ka boyona, mola ka go le lengwe e le kgomo ya mošate yeo o bago molato ge o ka e soka goba wa e lesa. Taba ye e fihlile sehloeng ge Matšatši a wela fase ka dikhuru pele ga hlogo ya sekolo, e le ge a kgopela gore morwa wa gagwe a išwe bookelong ka ge nako e sepela, mola go se na le bonnete bja gore sefatanaga sa go sepetša balwetši se tla ba sa fihla. Mafelelong hlogo ya sekolo o dumetše gomme Dimaka a thušwa go namela sefatanaga. Ka bjako ke ge go thunya lerole sefatanaga se lebile bookelong bja Letaba.

# Ijooo!! Malome Le Tla Mpolaya

Tshepo o eme kgorong ya gabo o bonala a se a dudišega, o lakalela go tsena ka gae. Na nkane moisa yo o sa apere diaparo tša sekolo ka iri ya bošupa mathapama? Mmalo! Kana moisa yo o fetša go oba molato wo šoro woo a ka ikhwetšago a ile kgolegong bophelo bja gagwe ka moka. Se se ka direga ge motšwasehlabelo a ka loba bophelo bja gagwe. Potšišokgolo ke gore na e ka ba maitshwaro le ditiro tša Tshepo di hueditšwe ke eng? Go reng mošemanyana yo a bile bogale ka tsela ye go morutwana wa go se be le mathata le barutwana ba bangwe? Aowa, sekhukhune se bonwa ke sebataladi!

"Mošaa, kgale ke go emetše bjale goreng o eme ka ditlhaka tša kgoro? Afa o lemogile gore ke nako mang?" Sekebekwa a bolela a etšwa ka ntlong ya masenke.

"Ma…lo…me…!!" Tshepo o fetola Sekebekwa a bile a bonala a thuthumela.

"Kganthe go diragalang ka wena, re tlo thoma go fapana ka mekgwa yeo ya gago. Na e kaba o jele mašeleng a lebaba mošaa? Ga ke nyake ditori wa nkwa?"

"Aowa malome Sekebekwa, lebaba le gona ka moka le sa feleletše. Gape go na le ditlhotlo tšeo di mpaledišago go phethagatša maikarabelo a ka a kgwebo ya lena kua sekolong. Ke a le kgopela malome le se mpethe hle!"

Tshepo o bonala a hlakahlakane okare o bethilwe ke legadima. Letšhogo leo le bego le mo apere, o be o kare kgane o bone sepoko sa mosegare.

"Tšhelete ya ka e feletše goba o nyaka go mpotša gore o tšere sephetho sa go nnyatša wa se sepetše kgwebo ya ka lehono kua sekolong?"

"Malome ke kgopela le no mpha sebakanyana ke le hlalošetše ditaba hle, gape kua sekolong go na le diphetogo ka ge go kgethilwe lekgotla le lefsa la barutwana. Ba be ba…" Sekebekwa o mo tsena ganong a sa leka go itlhaloša.

"Mošemane, gabotse o ntlela ka dinonwane, lokela makgolo a mabedi a diranta ka mo letsogong la ka, ka ona motsotso wo."

"Malome mpheng sebaka ke lehlalo…. Ijooo!! Malome le tla mpolaya. Mmaweeee!!"

Sekebekwa o bethile Tshepo go šoro. Mmalo! Tshepo tšhuololo ya Modimo. O tsebe gore Sekebekwa ke moratho wa mmago Tshepo yo a hlokofetšego mengwageng ye mehlano ya go feta. Tshepo ga a tsebe tatagwe, gomme malomea'gwe ke yena a nnoši a tšerego maikarabelo a go ba mohlokomedi wa gagwe wa semmušo, ka morago ga lehu la kgaetšedi ya gagwe. Lehu la mmagwe le mo tlaišitše kudu maikutlo la ba la mmakela kgatelelo ya monagano. Morago ga lehu la mmagwe, Tshepo o thomile go se sa tšwelela gabotse dithutong tša gagwe. Le ge bophelo bja gagwe bo šetše bo bile boima, malomea'gwe ga a dire gore Tshepo a ikwe bokaone ka ge a mo tlaiša kgopolong le mmeleng. Na o nagana gore ngwana wa mohuta wo a ka swantšhwa le nna le wena? Kgoro ya thuto ya motheo le setšhaba ka kakaretšo se emetše gore morutwana yo mongwe le yo mongwe a atlege dithutong le bophelong. Bjale wena o reng ka morutwana yo bjalo ka Tshepo?

Sekebekwa malome'aTshepo ke mongkgwebo ya diokobatši yeo e bego e rena kua sekolong seo se phagamego sa Khesethwane. Go ba motlogolo wa Sekebekwa go be go efa Tshepo seriti ka ge malome'agwe a be a tšhabega ka boganka kua motseng wa Mawa. Tshepo kua sekolong o tsebega ka go se laolege le go ba mphenyašilo ka phapošing go ba bangwe ba barutiši kudu go barutišigadi. Barutwana ka moka ba kua Khesethwane ba be ba mo tšhaba. Dikgwebo tša go se be molaong di be di sepetšwa ke yena kua sekolong. Tshepo o bethilwe go šoro ke malome wa gagwe ka ge a sa kgotsofatšwe ke ka fao kgwebo e sepelago ka gona. Potšišokgolo ya ga bjale ke gore, na boetapele bja barutwana bo amega bjang kgwebong ya malome'a Tshepo kua sekolong? Le gona ke karolo efe yeo e dirilwego ke Dimaka yeo e ka dirago gore a gobatšwe go šoro le go bakwa ke badimo ka tsela ye?

# Mogale Gare Ga Bagale

Go fetile matšatšinyana morago ga gore Dimaka a amogelwe bookelong bja Letaba. Pele ga letšatši le Dimaka o dutše matšatši a mararo ka yuniting ya tlhokomelo ya balwetši ba go bakwa le badimo. Dingaka di dirile mošomo wo mogolo wo mobotse wa go phološa bophelo bja Dimaka ebile lehono o tšwele kotsing ya go loba bophelo. Re leboga ge bokamoso bja bana ba hlogo ya sekolo bo bolokegile ka ge phiri yela ya mekokamebedi e se ya phatloga noka. Go ketwa diketo ka mošomo ke Mna Moseamo ka go tshela molao wa kgoro ya thuto, go phethegile toka yeo e phedišetšego bophelo bja ngwana yoo e lego bokamoso bja naga ya Afrika Borwa ka bophara. Lehono Dimaka o ka phapošing ya balwetši ya bana ba bašemane, ka thoko ga gagwe go dutše mmagwe, ke ge hlogo ya sekolo a tsena a bile a batamela go tšea madulo le go ba dumediša.

"Monna Dimaka o tloga o le mogale gare ga bagale ka ge o lwele ntwa ye kgolo. Ga go hlokagale gore o nkarabe ka ge e le gona o sa tielela morwa. MaMasetla ke leboga ge le nteleditše mogala go ntemoša gore senatla se sa rena se tšwele kotsing. Ke be ke tshwenyegile kudu maikutlong. Re leboga Modimo ge a kwele dithapelo tša rena"

"Go leboga nna hle hlogo ya sekolo. Thekgo yeo le fago morwa wa ka ka mehla e tloga e makatša. Ge nkabe e se ka lena re be re tla be re bolela gore nkabe ke ngwana wa morago. Ke kgopela gore le ntebogele go boetapele bja sekolo, barutiši gammogo le barutwana ka thekgo ka moka le lerato leo ba le bontšhitšego morwa wa ka nakong ye boima ye."

"Aowa re leboga bogalegadi bja gago le kgotlelelo yeo o bilego le yona go fihla ka nako ye. Na e kaba le kgonne go bula molato maphodiseng bjalo ka ge nna le dingaka re le eleditše?"

"Ke naganne ka yona gomme ke tšere sephetho sa go se bule molato ka ge e le bana ba sekolo, fela ke tla kgopela gore sekolo se tšee maikarabelo a go otla barutwana bao ba dirilego taba ye. Na le ka se kgona se hlogo ya sekolo?"

"Ka kgopelo le boikokobetšo maMasetla ga ke gopole gore ke kakanyo ye kaone yeo, ka gobane wo ke molato wa maphodisa e sego wa sekolo. Le tla gopola gore molato wo o diregile ka ntle ga dikgoro tša sekolo, le gona ka nako yeo sekolo se bego se tšwele."

"Hlogo ya sekolo, le ge e be e le ka ntle ga kgoro ya sekolo le tla gopola gore dintwa tša bana ba sekolo di thoma ka sekolong gomme tša tšwela ka ntle. Potšišo ke gore na sekolo se dirile dinyakišišo tša ka gare tša taba ye? Na go na le nyakišišo ya tšhoganetšo yeo le ka mphago pego ya yona morago ga tiragalo yela?"

"Ga go na le nyakišišo yeo e dirilwego ka ge re be re nagana gore molato wo ke wa maphodisa e sego sekolo. Le ga bjale ke sa dumela bjalo le go le kgopela gore le bule molato gore toka e phethege."

"Ke a le kwa hlogo ya sekolo, fela ke tšere sephetho tabeng ye. Ge e ba le ka se kgone go phethagatša kgopelo ya ka bjalo ka motswadi wa ngwana le go hlompha sephetho sa ka, ke tla swanelwa ke go tloša ngwana sekolong sa lena a ya go tsena sekolo seo a tla šireletšegago gona. E šetše e laetša gore ga go na le polokego sekolong sa Khesethwane matšatšing a."

"Aowa hle Matšatši, o se iše pelo mafiša hle. Ke tla bona gore ke boledišana le modulasetulo wa lekgotlataolo la sekolo Mna Mokgapatlala ka taba ye, gomme re tle ka tharollo ya maleba ka pejana. Sekolo se ka se dumele go loba morutwana yo bohlokwa bjalo ka Dimaka. Ka ge le tšere sephetho se ke gapeletšega go se hlompha."

Mna Moseamo o be a bile a thoma go tšwa sethitho sa go tonya se sesesane, ge a ekwa gore Matšatši o tla tloša Dimaka sekolong sa Khesethwane ge a sa kgotsofatšwe ke diphetho tša sekolo. Hlogo ya sekolo o be a šetše a bone bokgoni le bokamoso bja Dimaka, bjoo dienywa tša bjona di šetšego di jewa sekolong sa gagwe. Aowa, ka morago ga dipoledišano magareng ga hlogo ya sekolo le motswadi wa Dimaka, Mna Moseamo o file Dimaka mokotlana wa dijo le dino tšeo a mo reketšego, a laelana le bona ya ba o a sepela ka ge nako ya go bona balwetši e be e le kgauswi le go fela.

Go tšweng ga gagwe ka kgorokgolo ya bookelo bja Letaba, hlogo ya sekolo o leleditše modulasetulo wa lekgotlataolo la sekolo Mna Mokgapatlala mogala, e le ge a mo kgopela kopano ya tšhoganetšo kua sekolong. Hlogo ya sekolo o tšere nako ye e ka bago iri gore a fihle sekolong. O hweditše modulasetulo a mo letile ka ntle ga ntlwana ya baletadikgoro a dutše setulong le moletadikgoro. E be e le Mokibelo, nako e le seripagare go tšwa go iri ya pele mosegare, gomme dithutotlaleletšo tša Mokibelo tša mphato wa lesomepedi di be di kgatlampana nakong yeo. Hlogo ya sekolo o rile go tsena ka kgoro ya sekolo le go emiša sefatanaga, modulasetulo a mo šala morago ya ba ba lebile kantorong ya Mna Moseamo.

"Morena Mokgapatlala, letsogo godimo ga le lengwe ka kopano ye ya tšhoganetšo. Kopano ya rena e ka se tšee telele, ka ge le ka ba le lapile morago ga go boa polokong."

"Aowa hlogo ya sekolo, le ge ke etšwa go phethagatša pitšo ya ka ya boruti kua lehung nka se re ke lapile. Nna ebile ke kaone, lena maabane mantšiboa ge re be re bolela ka mogala ka iri ya lesome mantšiboa e be e le gona le tšwa ka kopanong ya dihlogo tša dikolo le bagolo ba lena ba kgoro ya thuto. E le gore lena le khutša neng hlogo ya sekolo? Ga ke gane ke šomela setšhaba mola le mola fela ge e le lena ga le khutše le gannyane."

"Aowa ke nnete mohlomphegi, re tletše go šomela setšhaba sa Kgošigadikgolo Motšatši. Ka ge ke šetše ke le nyetletše taba yela ya Dimaka mogaleng, na le nagana gore re ka dirang ka yona modulasetulo?"

"Ke nnete re ka se dumele go loba lesoganyana le ka ge le tlišitše diphetogo tše kgolo sekolong se. Le tla lemoga gore mošomo wa rena re le lekgotlataolo la sekolo o nolofaditšwe ka seabe sa Dimaka le boetapele bja gagwe. Ke gopola gore o nape o ngwale mangwalo a go ya go batswadi ba barutwana bao ba amegago tabeng ye, go tla kopanong ka Mošupologo re nape re rume taba ye. Ke tla tsebiša maloko ka moka a rena a batswadi ka kopanotšhoganetšo ye."

"Aowa ke dumelelana le lena mong'aka, ke tla napa ke leletše mongwaledi wa lekgotlataolo Mohumagadi Mabale gore a lokiše go tlanya mangwalo ao re tla a romelago batswadi. Re bile mahlatse ka gore o gona mo sekolong lehono go ruta ba mphato wa lesomepedi."

"Ke taba ya botse yeo, ke tla nama ke kgopele difate hlogo ya sekolo. Re tla bonana ka Mošupologo. Gabotse."

Mna Mokgapatlala o rile go tšwa ka kantorong ya hlogo ya sekolo ke ge ka morago ga metsotso ye mebedi morutišigadi Mabale a tsena ka kantorong ya hlogo ya sekolo morago ga gore a leletšwe mogala. Mangwalo a taletšo ya kopanotšhoganetšo a ngwadilwe, gomme hlogo ya sekolo a dira bonnete bja gore a fihla matsogong a batswadi gammogo le go mmago Dimaka.

# Ngwan'a Phoša Dira Ga A Bolawe

Ke mesong ya Mošupologo, Sekebekwa o biditše Tshepo ba dutše ka phapošing ya bodulelo. Lenaneo la ditaba la mesong le be le gagaba thelebišening le ge ba be ba sa le ele hloko.

"Morutišigadi Mabale o mphile lengwalo le mathapama a Mokibelo, gape ke gona ke le bula gomme ke lemoga gore re a nyakega kua sekolong. Ba ngwadile gore ke nyakega mabapi le molato wa gago wa Laboraro la go feta. E ka ba ba o swere ka lebaba monna?"

"Aowa, malome ke lekile go le hlalošetša ka Laboraro lona le la go feta ge le be le befetšwe. Ke lekile go le botša ka ditlhotlo tšeo ke lebanego natšo mabapi le tshepetšo ya kgwebo kua sekolong. Dimaka o tlile ka melao ye mefsa yeo e thibelago kgwebo ya lena go sepela ka thelelo. Malome ke lekile go tla ka maano a mangwe go fihlela ke bona bokaone e le go mmea maemong a gagwe gore a se sa nnyatša."

"Dimaka ke mang? Ke morutiši yo mofsa kgane?"

"Aowa malome, ke mopresitente yo mofsa wa barutwana, lona Laboraro lela le rilego go mpetha la nama la sepela ka sefatanaga ke mo gobaditše kudu. Ke be ke nyaka go mmea madulong a gagwe."

"Ke a bona ka mo lengwalong, bjale re swanetše go loga leano la gore ba se ke ba go raka kua sekolong, ka ge o raloka karolo ye bohlokwa ya kgwebo ye. Ge ba ka go raka kgwebo ya ka ke gona e wele."

"Malome ke kgopela gore le dumele gore ke lese sekolo, ga ke sa na bokamoso le gona dilo di senyegile kudu kua Khese. Le lena le a bona gore ga ke sa ipshina le gatee. Ka ge e le gona ke le bona go tloga ka Laboraro, le tla swanelwa ke go tseba gore ga senke ke ye sekolong ka ge ke be ke tšhaba ka lebaka la seo ke se dirilego."

"Aowa ba ka se go rake, nka ba direla bothata nna. Hlapa o apare diaparo tša sekolo re sepele motlogolo. Ba tla ntseba gabotse lehono nna Sekebekwa, ke tloša motho letšatši le eja motho nna."

Sekebekwa ka Laboraro lela a bethilego Tshepo, o sepetše ka sefatanaga e le ge a ile go phethagatša mešomo ya gagwe ya bonokwane ya dithunya. O kopane le morutišigadi Mababe mathapama a Mokibelo ge a mo fa lengwalo. Go tloga lona tšatši le la ke gona a bona Tshepo mesong ye.

Tshepo le malome wa gagwe ba fihlile sekolong pele ga nako yeo e beilwego ya kopano le lekgotlataolo la sekolo. Ba rile go tsena ka dikgoro tša sekolo, moletadikgoro o ba ngwadišitše pukung ya baeng, gomme a ba laela go leba ka kantorong ya hlogo ya sekolo. Ba rile go fihla ba etwa pele ke mothuši wa hlogo ya sekolo, e le ge ba e ya ka phapošing ya dikopano. Go fihleng ga bona ba hweditše maloko a lekgotlataolo a feletše, gomme ba amogelwa gabotse ka tlhompho le go fiwa madulo. Ke ge modulasetulo a laetša gore ba sa letile batswadi ba barutwana ba bangwe bao ba amegago. Ke nnete ka morago ga metsotswana ke ge tatago Masilo a tsena le morwa wa gagwe le bona ba filwe madulo le go amogelwa. Ke ge ka morago hlogo ya sekolo a tsena a šetšwe morago ke Matšatši a thuša morwa wa gagwe Dimaka, yoo a bego a sepela ka dipatla tša go ithekga. Le bona ba rile go fiwa madulo ke ge modulasetulo a emelela gore mošomo o name o thome.

"Ke tla thoma ka go itsebiša semmušo, nna ke Mokgapatlala ke modulasetulo wa lekgotlataolo la sekolo se sa Khesethwane. Ke le memile kopanong ye ya go ikgetha ke matlafatšwa ke karolo ya boraro ya *SASA* ge e balwa le molaotheo wa lekgotlataolo la sekolo. Ke tlile go fa hlogo ya sekolo sebaka sa gore a re alele pego yeo e tla re fago bokamorago bja ditiragalo tšeo di hlotšego gore kopano ye e be gona. Pele ke dira bjalo, ke kgopela go le gopotša gore re kopane mo, go hwetša ditharollo tšeo di tla re thušago go tšwetša thuto ya bana ba rena pele. Ka gona ke tlile go fa batswadi ka moka bao bana ba bona ba amegago sebaka sa go fa sa mafahleng a bona. Ge e le barutwana ba tla fiwa sebaka ge go kgonagala. Sa mafelelo ke go re le na le tokelo ya go se fetole dipotšiso tše dingwe ge le sa kgotsofale. Hlogo ya sekolo sebaka ke sa lena."

Hlogo ya sekolo o file pego ka botlalo ka seo se diregilego le go tšweletša maina a bagononelwa e lego Tshepo le Masilo. Mna Moseamo ba laeditše gore motswadi wa ngwana o tšere sephetho sa go se bule molato le go kgopela boetapele bja sekolo gore toka e phethege. Ka morago ga pego modulasetulo o file batswadi ba bagononelwa sebaka sa go iphetolela, gomme tatago Masilo o kgopetše go bolela pele.

"Modulasetulo, a ke go leboge. Ke le motswadi wa Masilo ke swabile nko go feta molomo. Ke laetše gore tlhagong ya ka ga ke rarelele ngwana le ge ke bona gore o na le molato. Yo Masilo o dumetše gore o bile le seabe tabeng ye, e le ge a be a thuša mogwera wa gagwe Tshepo. Ke swanetše ke go mmethanyana gore a bolele nnete gore konokono ya taba ye ke efe. Bjale ge le ntumelela modulasetulo ke tla fa yo Masilo sebaka sa go bolela nnete le go kgopela tshwarelo ya seo a se dirilego."

Modulasetulo o dumetše ka hlogo le letsogo go laetša gore ba ka tšwela pele. Ke ge tatago Masilo a botša morwa wa gagwe gore a eme ka maoto kua pele a hlološe ditaba ka botlalo. Masilo o emeletše a bonala a tšhogile a bile a inamišitše sefahlego.

"Ke kgopela tshwarelo ka seo ke se dirilego. E be e se maikemišetšo a ka go gobatša yo Dimaka. Ke no ba ke dirile se ka ge ke tshepišitšwe lekgolo la diranta ke mogwera wa ka Tshepo gore ke mo thuše go bea Dimaka madulong a gagwe, ka ge a palediša kgwebo ya malome'agwe ya diokobatši go sepela ka thelelo."

"O reng mošaa! O bolela ditšiebadimo. O ntlwaela gampe mošaa. Tshepo nke o emelele moo o iphetolele go ditšiebadimo tše, akere o rile ke ditiro tša Masilo dilo tše ka moka."

"Morena Sekebekwa matswalo fase hle. Re kgopela gore re fe Masilo sebaka a feleletše polelo ya gagwe, ka ge le lena re tlile go le fa sebaka go swana le ba bangwe."

Sekebekwa o lekile go hlakahlakanya kopano e le ge a leka go timeletša mohlala. Ke ge go tsoga lešatanyana ka seo se utollotšwego ke Masilo. E bile letšhogo go batho ka moka go kwa gore tšhomišompe ya diokobatši yeo e lego bothata bjo bogolo sekolong se sa Khesethwane ke kgwebo ya Sekebekwa. Hlogo ya sekolo le modulasetulo ba swanetše ke go emelela gore ba theoše moya wo o fokago, gore kopano e kgone go tšwela pele. Ke nnete mafelelong dilo di boetše sekeng ke ge kopano e tšwela pele.

Modulasetulo o file Sekebekwa sebaka bjalo ka motswadi wa Tshepo gore a iphetolele go ditatofatšo ka moka. Sekebekwa o laetše Tshepo gore a emelele a kgone go itšhireletša go ditatofatšo tše ka moka. Tshepo o swanetše ke go emelela ka ge a hlompha le go tšhaba malome'agwe. Maikutlo a Tshepo a be a hlakahlakane, gomme a bonala a tšhogile kudu a bile a hloka maikarabelo go tšohle tšeo a di dirilego.

"Ke… Ke kgopela tshwarelo go seo ke se dirilego." Tshepo o rile a sa bolela a kopana le mahlo a malome'agwe Sekebekwa, gomme a thoma go lla, a thuthumela a palelwa ke go itshwara. Tshepo o letše gabohloko moo e lego gore batswadi ka kopanong ba thomile go gakanega gore na Tshepo o llišwa ke eng. Ka morago ga ge Tshepo a homoditšwe le go laelwa gore a dule fase. Modulasetulo o kgopetše motswadi wa Dimaka gore a ntšhe sa mafahleng a gagwe pele ba ka ba lokolla, gore maloko a lekgotlataolo ba tšee sephetho le go ruma molato wo.

"Ke leboga sebaka modulasetulo. Ke le motswadi wa Dimaka ke tshwenyegile kudu moyeng wa ka, ka seo se dirilwego ke barutwana ba. Bjalo ka motswadi yo mongwe le yo mongwe ke tlišitše ngwana wa ka mo sekolong gore a abelwe thuto e sego go bolawa. Ngwana wa ka o tšwa go tsoga bookelong a be a bakwa le badimo. Bjale ke kgopela gore bana ba ba babedi ba rakwe mo sekolong gore bana ba rena ba bolokege. Le lena le a mmona gore ngwana yo wa ka o sepela ka dipatla. Ge le ka se dire bjalo gona le tla be le sa phethe toka le gatee. Ke tla swanelwa ke go kgopela lengwalo la go mo iša sekolong se sengwe ka ge bophelo bja gagwe bo se bja bolokega mo sekolong sa Khesethwane."

"Aowa ke dumela gore re kwele mahlakore ka moka. Ge go se sa na le se sengwe ke tla kgopela batswadi ba bana bao ba amegago ka moka le bana ba ba bararo ba tšwele ka ntle re kgone go ahlaahla taba ye. Ao! Ke bona letsogo, Dimaka o ka ntšha sa mafahleng a gago. Nka se dire toka go go thibela go bolela mola o le motšwasehlabelo. Tšwela pele morwa."

"Ke a leboga mong'aka. Ke nnete dipolelo ka moka ke di kwele gabotse."
Dimaka o retologile gomme a lebelela bommagwe pele a tšwela pele.

"Mma ke tloga ke kwešiša bohloko bjo le bo kwelego ka seo se diregilego
go nna ngwana wa lena. Ke kgopela gore le thekge sephetho seo ke se
tšerego morago ga go kwa dipoledišano tše." Matšatši o dumetše ka hlogo
le ge a sa kwešiše seo se bolelwago ke morwa wa gagwe. Ke ge Dimaka a
bolela le batho ka moka a iša mahlo ka mo le ka mo go laetša boitshepo.

"Ke thome ka go laetša gore ngwan'a phoša dira ga a bolawe.
Barutwanakanna Tshepo le Masilo ba bontšhitše boitsholo go seo se
diregilego. Modulasetulo, mma le batswadi ka moka ke rata go le lemoša
gore ngwana yo mongwe le yo mongwe o na le tokelo ya go tsena sekolo. Ge
le ka tšea sephetho sa go ba raka mo sekolong ba tlile go fetoga dinokwane,
gomme gosasa la tla la lla ka sephetho seo le se tšerego. Tshepo le Masilo
bjalo ka bana ba bangwe le ba bangwe ba na le tokelo ya go swarelwa,
gomme ba bontšhwa tsela, kudu ka ge ba ipona diphošo. Nna ke le
moetapele wa bona mo sekolong ke tla be ke paletšwe ke maikarabelo a ka,
ge e le gore sephetho sa go ba raka se a fihlelelwa ntle le go ba fa monyetla
wa mafelelo wa go lokiša diphošo tša bona. Le tla ntshwarela go bolela
gore Tshepo o hlokofaletšwe ke mmagwe, le ge e le gore malome'agwe o
gona go mo hlokomela go ka se swane le ge a hlokomelwa ke mmagwe.
Tshepo ke yo mongwe yoo re mmeilego lenaneong la bana ba ditšhiwana
bao ba hlokago thekgo efe kapa efe. Le yena bjalo ka ngwana o hloka
tlhohleletšo, lerato le thekgo ya motswadi gore a tle a atlege bophelong.
Modulasetulo ke a leboga."

Polelo ya Dimaka e makaditše batho ka moka le ge e le gore ga go yo
a ilego a ba kgahlanong le yona go akaretšwa le Matšatši. Aowa ke nnete
gore khudu ga e lahle legapi la yona. Na wena o ka kwela bohloko motho
yoo a go kwešitšego bohloko?

# Go Balela Kwešišo

Lehono ke Labone, go bonala Matšatši a tsena ka kantorong ya hlogo ya sekolo sa Khesethwane a swere mokotla wa dipuku.

"Le ka tsena la tšea madulo maMasetla. Ke paletšwe ke go le bona ka morago ga kopano yela ya Mošupologo ka ge ke tšwele ke kitimela kopanong ya dihlogo tša dikolo le molaodi wa selete sa rena sa Mopani. Modulasetulo o ntemošitše gore le kgotsofetše ka sephetho seo lekgotlataolo le se tšerego sa go swarela baisa bale le go ba fa kotlo ya go ba fega dibeke tše pedi fela. Na e ka ba go bjalo maMasetla?"

"Thobela hlogo ya sekolo. Ke nnete go bjalo ka ge morwa wa ka a laeditše gore o a ba swarela, gomme ke bone ke se na kgetho ntle le go thekga tlhologelo ya gagwe. Le se tshwenyege le gatee, ke fetotše mogopolo wa ka ka taba ya go mo tloša mo sekolong. Taba ye ke dumela gore e ka se sa ipoeletša. Le gona ga se yona yeo ke e tletšego mo sekolong lehono."

"Aowa ke a leboga hle. Bjale ke tla imologa ka ge le kgotsofetše ka sephetho sa lekgotlataolo la sekolo. Bjale ke le thuša ka eng lehono maMasetla?"

"Ke tlišitše dipuku tša Dimaka tša mešomo ya tšatši ka tšatši. Morena Moseamo, gape le rile go tšwa ka sefatanaga ka Mošupologo ke ge Dimaka a gana go ya gae a re yena o ya ka phapošing ya borutelo. Re bile le dikgogakgogano le yena le motlatšahlogo ya sekolo Morena

Ramokgola, e le ge re be re leka go mmontšha gore o swanelwa ke go dula gae matšatšinyana gore a fole pele a ka boa ka phapošing. Taba ye e dirile gore re be le kopanonyana ye e tšerego nako ye e ka bago iri, gore a dumele go sepela le nna go ya gae. Motlatšahlogo ya sekolo ba tlile ka leano la gore barutiši le barutišigadi ba beakanye mešongwana ya dibeke tše pedi ya mananeothuto ka moka ao Dimaka a amegago go ona, gore a ye a ngwale gae mola nna ke mo hlokometše. Ke tloga ke leboga maitemogelo a motlatšahlogo ka go tla ka tharollo yela, ebile ke kgopela le ntebogele go bona hle. Bjale mokotla wo le o bonago mo ke dipuku tša gagwe, gape moisana yola o šetše a feditše mešongwana yela ka moka, le ge ba laeditše gore ke ya dibeke tše pedi. Yena ka lephelo o kaonafetše kudu ebile o be a re o tla le nna sekolong. Ke no mo kgopela gore o tla thoma dithuto beke ye e tlago ge e thoma ka ge lehono e le Labone. Dimaka o kgopetše gore ke tliše dipuku tše gore barutiši/gadi ba di lekole le go mo fa ye mengwe mešomo gore a se bolawe ke bodutu mafelelong a beke."

"Aowa di a kwagala mma, le ge e le gore motlatšahlogo o be a šetše a mphile pego yeo. Nna ga ke makale ge a feditše mešomo ya gagwe ka ge ke tseba gore o šoma ka maatla Dimaka. Ke tla tšea dipuku tšeo gomme ke tla dira bonnete bja gore barutiši ba swaya mešomo yeo ka moka pele letšatši le le dikela. Le se tshwenyege ka go letela mešomotlaleletšo. Ke tla feta ke le fa dipuku tše mathapama le mešomotlaleletšo. Ke tla dira bonnete bja gore o ba le mešongwana ye mmalwa gore a se e fetše ka pela. Ke a leboga le ka nneeletša mokotla."

Poledišano ya hlogo ya sekolo le Matšatši e rile go fihla mafelelong, Matšatši a kgopela difate ya ba o tšwa ka kgoro ya sekolo. Hlogo ya sekolo o file motlatšahlogo ya sekolo maikarabelo a go netefatša gore kgopelo ya Dimaka le motswadi wa gagwe e ya phethagala. O laetše Mna Ramokgola gore a netefatše gore dihlogo tša mafapha ka moka ba beakanya mešongwana yeo ka moka gore mathapama a fete a efa Dimaka. Bjale ge mpotše gore wena o ka ba morutwana wa go swana le yo, wa lwela thuto le bokamoso bja gago le ge o lwala wa gapeletša go tla sekolong?

Aowa ke nnete le lona le Labone le kotimetše thaba ge sefatanaga sa hlogo ya sekolo se ema ka monyako wa kgoro ya Masetla. Dimaka o se bone a le ka fase ga mohlare o bile o a batamela go gahlanetša hlogo ya sekolo kgorong ya gabo, gape yena le hlogo ya sekolo ba be ba kwana kudu, ebile barutwana ba bangwe ba latofatša Dimaka ka la gore ke mmamoratwa wa hlogo ya sekolo le barutiši ba bangwe kua sekolong. Go bolela nnete barutiši ba kwana le ngwana wa go ba theeletša le go dira mešomo ya bona go ya le ka moo ba kwanego. Ke nagana gore go bonolo go ratwa ke barutiši ge o le ngwana wa sekolo. Ngwala mešomo ya sekolo ka nako ka mehla, dira diphošollo ka phapošing gammogo le go bala dipuku tša gago, o tla bona le wena o tla ba mmamoratwa wa swana le yo Dimaka. Na se se ka go palela?

Dimaka o be a šetše a laetša gore o fodile. Gape bana bona ba fola ka pela ga ba swane le batho ba bagolo. Hlogo ya sekolo o rile go dula fase ka fase ga mohlare ka ge go be go šetše go ena le ditulo, a laela Dimaka gore a tle le mokotla wa dipuku tša gagwe kua sefatanageng. Dimaka o dirile bjalo ntle le go dikadika o bile o boile natšo.

"Bjale gona o tloga o fodile morwa. Na bommago ba kae?"

"Ga ba gona, sale ba etšwa mosegare. Na ke ba leletše mogala?"

"Aowa ga go tshwenye *nie*, ke be ke no botšiša fela. Ka ge ke go bona gore o kaonafetše kudu, ke a dumela gore ka Mošupologo o thome go tla sekolong. Monna Dimaka gape lehono ke lekotše dipuku tšeo tša gago. Di tloga di kgahliša le go feta. Mokgwa wa gago wa go ngwala le go araba dipotšišo o tloga o tšwele mahlalagading. Le ge e le gore ke be ke tseba gore o na le bokgoni bja maemo a godimo, lehono ke lemogile gore boleng le maemo a gago a go fa ditlhalošo tša mareo go dithuto tša gago tše senyane le ka fao o tšweletšago tirišo ka gona, o tloga o laetša tsebo yeo e ka bago ya moithuti wa Yunibesithi wa go dira ngwaga wa mafelelo. Gabotse o swanetše gore o mphe sephiri sa gago lehono le morwa. O kgona bjang?"

"Hlogo ya sekolo, go bolela nnete phišagalelo, boikgafo le go dira ka maatla gore motho a fihlelele seo a se nyakago bophelong, ke yona kokwane ye kgolo katlegong ya motho. Nna ke motho wa go dumela gore selo seo ke se nyakago bophelong ke tlo se fihlelela ka go se dumelele motho goba selo sefe kapa sefe go nkema ka pele. Ga ke dumelele ditlhotlo kudu tšeo di hlolwago ke batho go nketa ka pele go fihlelela merero ya ka. Go no le tsopolela gannyane tše dingwe tša tšeo ke di dirago, ke ipeela nako ye itšego ya go nyakišiša ka seo ke tla bego ke lebane le sona nako yeo, gomme ka kgoboketša tšhedimošo ya maleba, ka bala go fihlela ke kwešiša dilo ka moka. Morago ga fao ka thoma go ngwala go ya le ka moo ke kwešišago ka gona. Ke itlwaeditše go tloga ke sa le yo monnyane go balela le go ngwalela pele mešomo ya ka. Se se nthuša gore moo ke sa kwešišego ke kgone go botšiša barutiši ge ba ruta ka phapošing.  Ke na le kgwerano ye botse le bokgobapuku bja bosetšhaba bja mo motseng le go fela ke etela baithuti ba go tsena dikolong tša godimo ba mo motseng ge dikolo tša bona di tswaletšwe. Ke kgopela dipuku tša bona gore ke oketše tsebo. Ge ke bala ke aroganya mošomo wa ka ka dikarolo tše tharo e lego tsebo, kwešišo le bohlale goba tirišo. Mo go tsebo, ke kgoboketša tšhedimošo ka moka yeo ke e hlokago bjalo ka dipuku, matlakalapotšišo, go etela bokgobapuku le barutiši. Legatong la kwešišo, ke diriša mekgwanakgwana ya go fapana ya go bala tšhedimošo ka moka yeo ke nago le yona, gomme ka diriša bohlale bja ka go ya le ka fao ke kwešišago go phethagatša. Leo ke lona legato la mafelelo e lego tirišo."

Hlogo ya sekolo o kgotsofaditšwe ke ka fao Dimaka a dirago ka gona mešomo ya gagwe ya sekolo. O rile go kwa le go kwešiša sephiri sa Dimaka sa gore a atlege go tšohle tšeo a di dirago, a kgopela Dimaka gore a mo thuše ka mekgwanakgwana yeo barutwana ba ka e dirišago ya go bala. Pele ga ge hlogo ya sekolo a ka sepela, Dimaka o dumetše kgopolo ya hlogo ya sekolo le go mo tshepiša gore o tla dira dinyakišišo gomme ge a feditše o tla mo fa pego. Na wena o šomiša mekgwa efe ya go balela kwešišo?

# Bohwa Bja Naga Ya Afrika Borwa

Ngwaga o batamela go ya swiswing ka ge e le kgwedi ya Lewedi. Lekgotlakemedi la barutwana le beakantše moletlo wa go keteka bohwa bja naga ya Afrika Borwa gomme go memilwe seboledisegolo go tšwa Yunibesithi ya Tzaneen moprofesa Malekoko. Nako ke metsotso ye seswai go tšwa go iri ya lesometee mesong, go tletše ka holong ya sekolo sa Khesethwane. Barutiši le barutwana ba be ba tšhankgetše ka diaparo tša ditšo tša go fapafapana. Kua pele go kgabišitšwe ka didirišwa tša setšo bjalo ka magogwa, mekgopa ya diphoofolo le dibjana tša go fapafapana tša setšo. Tafola yeo e lego pele e be e kgabišitšwe ka mašela a mabotse a setšo sa Balobedu, gomme ka pele ga yona go adilwe mokgopa wa phoofolo le dibjana tša setšo tšeo di nago le dijo tša naga bjalo ka mabilo, dinkhoma, ditlomma le mawawa. Letšatšing leo go be go memilwe molaodi wa sedikothuto Mna Mamabolo le ntona ya motse wa Mawa yo a bego a tlile le bakgomana ba ka mošate. Tšatšing leo go be go apeilwe dijo tša setšo. Barutwana ba beakantše moletlo wo mobotse wa maemo a godimo.

"Thobela! Yo a emego mo pele ga lena ke Mokgadi letepa o lema, motho wa go ja a tima le bašomi. Ke setlogolo sa bakoni, phuti ya bakgaga ba mmatlhapane ka mapoto ka meetse re tšhaba go paologa. Ke tšhaba mediti. Ke nna mongwaledi wa lekgotlakemedi la barutwana gona mo sekolong seo se phagamego sa Khesethwane. Lehono ke mootledi wa lenaneo la rena la moketeko wa letšatši le la bohwa."

Lenaneo le thomile semmušo, go letšwa mmino wa setšo ka pele le ka morago ga diboledi, le barutwana ba diragatša mabokgoni a go fapafapana a go akaretša direto, dinaka, mmapadi le tše dingwe.

"Aowa re a leboga. Ga bjale ke tla tšea sebaka se ke kgopele sereti sa rena Thabang go reta sereto seo a se hlamilego e le ge a tlabe a emeletša mopresitente wa lekgotlakemedi la barutwana Dimaka, go tla go fa mantšu a go tsebiša seboledisegolo sa rena. A re mmetheleng matsogo!"

"Kgomo e a tshwa!
E gangwa ke mang?
Ke mang ge e se Dimaka,
Dimaka dimakatša bagolo le banyane,
Ke setlogolo sa Ditlou tša bolepša,
Sekhula tlou ka thebula,
Ke setlogolo sa Kaditswe,
Kgaditswe, tša mpotša maaka
Ke dingalela sa mmaruri.
Soganyana le sesanyana, ntšu le kotokoto,
Mmele nke katsana, a bula molomo tautona,
Mmala moswana, pelo ye tšhweu taa!
Ke setswerere sa mabethela,
Ke seratapuku mailabobodu,
Ke moetapele e sego moetakapele,
Ke mmušabanyane le ba go mo feta bagologolo,
Ke mogale gare ga bagale,
Ke mogalepuku e sego mogalemarumo,
Ke tšhaba mediti."

"Ke a leboga mosepetšalenaneo mongwaledi Mokgadi le motlatšamongwaledi Thabang ka sereto se sebotse sa maatlakgogedi. Ba ka difokeng, molaodi wa sedikothuto sa Bolobedu, hlogo ya sekolo, modulasetulo wa lekgotlataolo la sekolo, barutiši, batswadi le barutwanakanna. Magato ka moka a latetšwe. Ke re pšhapšha diatla. Nna ke Dimaka setlogolo sa ditlou tša bolepša sekhula tlou ka thebula, ba ga Kgatla le ba ga Ragolane ga go na yo motala re a lekana. Le nna ke tšhaba mediti. Lehono ke letšatši le bohlokwa tšhupamabakeng ya naga ya rena ya Afrika Borwa ka ge re keteka letšatši la bohwa. Re kgethile hlogopolelo ya gore, ke a tsopola, "Bohlokwa bja setšo dithutong tša ngwana wa moAfrika", ke feditše go tsopola. Thuto ka boyona ke bohwa bja rena bafsa, go akeretšwa le thuto yeo e sego ya semmušo. Nna le lekgotlakemedi re bone go le bohlokwa gore re bitše setsebi sa merero ya setšo go tšwa Yunibething ya Tzaneen go tla go abelana le rena ka thutophahlošo ya bohlokwa bja setšo sekolong bjalo ka bohwa bja rena. Ba ka difokeng, le tla gopola tiragalo ya go garoša matswalo yeo e diregilego pele nna le ba bangwe ba barutwanakanna re ka belegwa, ya mokgekolo yo a ilego a bolawa ga sehlogo kua motseng wa Kheboku e le ge a be a latofatšwa ka boloi ntle le bohlatse. A moya wa koko Kgaditswe o robale ka khutšo. Ditiro tša mohuta wo ke maswanedi gore di tshwelwe ka mare ka ge di dirile gore bontši bja mangaka a setšo le ditsebi tša malwetši a go fapafapana ba thome go iphihla le go ya natšo badimong. Ke dumela gore lehono re tlile go ipshina ka todi ya dinose, e le ge seboledisegolo sa rena sa letšatši se abelana le rena tsebo le kwešišo ya bohlokwa bja go latela le go hlompha setšo sa rena bjalo ka bana ba sekolo. Pele ke tsebiša seboledisegolo sa rena sa letšatši, e reng ke gatelela gore tlhompho, lerato le kwelanobohloko ke tše dingwe tša bohwa bja rena bathobaso. Motho ke motho ka batho. Seboledisegolo sa rena se belegwe gona mo Mawa fao se phethilego dithuto tša marematlou gona mo Khesethwane. Se tšweleditše dithuto tša sona pele Yunibesething ya Leboa, fao se hweditšego lengwalo la grata ya bokgabo gona. Ga se sa felela fao ka ge se tšwetše pele ka dithuto go fihlelela se hwetša lengwalo la sona la bongaka bja filosofi. Se šomile bjalo ka mofahloši lefapheng la bokgabo le setšo diyunibesithing tša go fapafapana. Gabjale ke moprofesa kua Yunibesithing ya Tzaneen. Ke tla kgopela re eme ka maoto ntle le ba ka difokeng, e le ge re hlompha le go emeletša moeng wa rena moprofesa Malekoko. Matsogo, mekgolokwane le melodi!"

Moprofesa o file polelo ye maatla ya bohlokwa bja setšo maphelong a batho go akaretšwa le bana ba sekolo, le go lemoša barutwana gore go bohlokwa gore ba tsebe mo ba tšwago gona gore ba tle ba kwešiše mo ba yago gona. Ka morago ga polelo ya moprofesa, barutwana ba thomile go rata le go hlompha setšo sa bona. A re lebogeng boetapele bja Dimaka le maloko a lekgotlakemedi la barutwana ka thekgo ya boetapele bja sekolo ge moletlo wo o bile katlego ye kgolo. Na wena ke eng seo o se ratago ka setšo sa geno?

# Dipoelo Tša Mphato Wa Marematlou

Ke mathomong a ngwaga wa dithuto, hlogo ya sekolo o boa go kopana le molaodi wa sedikothuto morago ga gore a mo fe dipoelo tša marematlou. Ke gona a tsena ka kgoro ya sekolo ge a gahlanetšwa ka legoa le legolo ke barutwana, barutiši gammogo le batswadi. Go foka moya wa lethabo e le ge go thabetšwe dipoelo tša Khesethwane tša mphato wa marematlou tšeo di kaonafetšego le go feta. Ke la mathomo sekolo se se tloga maemong a mafelelo sedikothuto sa Bolobedu. Hlogo ya sekolo o rile go fologa sefatanaga sa gagwe ke ge barutwana ba mo kuka go opelwa dikoša tša manyalo e ke ke monyanya, e le ge ba lebile kantorong ya hlogo ya sekolo. Go thabilwe barutiši le barutwana ba tšea diswantšho ba thabetše dipoelo tšeo ba šetšego ba di hweditše ka masa dillathekeng tša bona.

Hlogo ya sekolo o file motlatšahlogo dipoelo tša mphato wa marematlou le go mo laela gore a fe dihlogo tša mafapha ditatamente tša barutwana ba kgone go ba abela tšona. O mo laetše gape gore a beakanye tshekatsheko ya dipoelo gore ba tle ba kgone go ba le kopano ya go lebana le mananeo a kaonafatšo ya dipoelo tša mphato wa marematlou. Mna Moseamo o rile go dira bonnete bja gore mošomo o tšhaba diatla, a bula emeile yeo e tšwago go molaodi wa sedikothuto le go bula semamatletšwa sa dipoelo tša sedikothuto. E be e le gona a lemoga gore sekolo sa gagwe se tšere maemo a bohlano go dikolo tše lesomešupa sedikothutong ka diperesente tše masomeseswai le metšo ye seswai fegelwana seswai (88.8%) gomme se se ra gore barutwana ba makgolopedi le metšo ye mehlano (205) ba tšweletše godimo ga palomoka ya barutwana ba makgolopedi lesometharo (213) bao ba ngwadilego ngwagola. Sekolo seo se bego se tšwele maemo a pele e be e le sa Merekome seo se phagamego ka diperesente tše lekgolo (100%).

Hlogo ya sekolo o sa leka go šila dipoelo tše le go gopodišiša gore na go diregile eng ngwaga wa go feta gore sekolo sa Khesethwane se hwetše dipoelo tše dikaone ka tsela ye. Mna Moseamo o dutše setulong sa gagwe sa manobonobo sa go thetha ke ge a gopola letšatši lela Dimaka a bego a le ka holong ya sekolo le barutwana ba mphato wa marematlou.

"Ka ge hlogo ya sekolo ba šetše ba boletše, ke tlile go abelana le lena mekgwa yeo e ka le thušago go atlega dithutong tša lena. Ke kgopela gore le ponye mahlo ka moka ga lena gomme o bone bokamoso bja gago ka leihlo la semoya. Bona ntlo ya kgoparara, koloi ya mabaibai gammogo le lapa la gago. Agaa! Bjale le ka bula mahlo gomme le ngwala ka mo dipukung tša lena gore "Toro ya ka". Gore o fihlelele toro ye ya gago o swanetše go dira dilo tše tše tharo, di ngwale fase ka tatelano ye: Tsebo, kwišišo le bohlale goba tirišo. 'Tsebo' ke ditšhedimošo ka moka tšeo o di nyakago gore o tle o atlege bophelong. Morutwana wa mphato wa lesomepedi o swanetše go ba le dithušathuto go akaretšwa tše di latelago: Lenaneo la nako ya dithuto le ya go bala, dipuku tša go ngwalela le tša go bala, matlakalapotšišo a mengwaga ya go feta le dimemorantamo, dipukukgakollo, inthanete, bokgobapuku le barutiši. Bjale a re tseneng go legato le bohlokwa e lego 'Kwešišo' yeo e nyakago gore tšhedimošo ka moka yeo o e hweditšego o kgone go e kwešiša gore o tle o be le bohlale bja go diragatša e lego legato la mafelelo leo le bitšwago 'tirišo'. Barutwana ba a fapana gomme go bohlokwa gore o itsebe gore o swara ka pela goba o nyaka nako ye ntši gore o kwešiše, gomme o diriše diiri tša gago tše masomepedinne ka letšatši gabotse. Thoma ka go balela kwešišo gomme o ngwale ka moo o kwešišago ka gona. Ge o dirile bjalo go bohlokwa go šomiša matlakalapotšišo go itekola. Diriša ditlhahlo tša tlhahlobo tšeo di nago le mabotšiši le dinyakwa tša bahlahlobi go ya le ka thuto le lephephe la gona. Ditlhatlho tše di a hwetšagala go barutiši le dikgokaganong tša inthanete. Dirang bonnete bja gore le balela pele dithuto tša lena le go etela barutiši moo le sa kwešišego. Ge o ka phethagatša tše ka moka o tla bona gore o ipshina bjang ka go ngwala tlhahlobo ya mafelelo a ngwaga. Ke tla ruma thutotlhahlo ye ka mantšu ao ke a boditšego hlogo ya sekolo a gore, phišagalelo, boikgafo le go dira ka maatla gore motho a fihlelele seo a se nyakago bophelong, ke yona kokwane ye kgolo katlegong ya motho. Ke le lakaletša go šoma ka maatla le go kgona, ka ge le tla be le thoma ditlhahlobo tša boitokešetšo kgweding ye e tlago ya Lewedi. Motho mang le mang o tla buna seo a se bjetšego e le ge le tla be le ipshina ka mphufutšo wa phatla tša lena. Hlogo ya sekolo ke a leboga. Ba ka botši…. Koko! Koko! Mohlomphegi."

Hlogo ya sekolo o rile a sa ile le menagano a phapharegišwa ke mothuši wa gagwe ge a tlile go mmotša gore motlatšahlogo o a mo kgopela ka phapošing ya dikopano. Aowa, Mna Moseamo o laetše mothuši wa gagwe gore o tseleng o sa feleletša mešongwana ya gagwe. Ke ge hlogo ya sekolo a gopola mantšu ao a ilego a bolelwa ke mogwera wa gagwe wa hlogo ya kgomo Mna Ratlabala yoo e lego hlogo ya sekolo sa tlasana sa Mawa. Mna Ratlabala o ile a mmotša gore a hlokomele Dimaka ka ge e le morutwana wa go ba le mpho ya moswananoši. Nakong yela Mna Ratlabala a mo fa taelo yeo, o be a sa kwešiše le go šetša kgopelo yela ka ge go yena barutwana ba swana. Mna Moseamo o rile a sa ile le menagano gape, o phapharegišwa ke mogala wa Mna Ratlabala e le ge a mo lebogiša le go mo laetša ditaba tša go tšwa go molaodi wa sedikothuto Mna Mamabolo. Bobedi ba boledišane sebakanyana le go gopotšana ka bokgoni bja Dimaka pele ba ka bea megala ya bona fase.

# Maemo A Ditaba A Befile

Ngwageng wo Dimaka o dira mphato wa lesome, le batho ba go swana le Tshepo ba tšweletše ka ge a le ka mphatong wa lesometee, ebile o fetogile morago ga go hwetša thekgo ya sekolo. Tshepo o dula le mohlokomedi yo mofsa ka morago ga gore malome wa gagwe Sekebekwa a swarwe ke maphodisa le go latofatšwa ka melato ye mmalwa ya go fapafapana. Tshepo o thušitšwe ke modirelaleago yo a kgopetšwego ke lekgotlakemedi la barutwana, go thuša barutwana bao ba nago le kgatelelo ya monagano sekolong.

Ke mathomo a kotara ya bobedi, go bile le dikgetho tša boetapele bja barutwana. Holo ya sekolo e tletše ka barutwana le barutiši e le ge ba letetše Mna Mangena gore a fe dipoelo tša dikgetho tša lekgotlakemedi la barutwana. Pele a dira bjalo o file Dimaka sebaka sa mafelelo sa go fa polelo bjalo ka mopresitente yo a fologago setulo.

"Ke a leboga Morena Mangena. Ke thome ka go dumediša batho ka moka ka holong le gore magato ka moka a latetšwe. Ke rata go tšea sebaka se ke le leboge ge le ile la ba le boitshepo go nna le maloko ka moka a boetapele bjo bo fologago lehono. Ke kgopetše sebaka se go Morena Mangena, gore ke le fe pego ya tšeo re di fihleletšego ngwageng wa ditšhelete wa lekgotlakemedi la barutwana. Ngwageng wa go feta re hlomile mananeo a mmalwa ao a kaonafaditšego maphelo a barutwana ba rena ka mekgwa yeo e fapanego. Re thomile masolo ao e bilego katlego ye kgolo a go tsomana le mašeleng ka thušo ya barutiši le boetapele bja sekolo. Re kgonne go thuša barutwana ba go hloka ka dithušathuto tše difapafapanego. Re bile le mananeothuto ao a re thušitšego go kaonafatša dipoelo tša sekolo sa rena kudu tša marematlou. Ba bangwe ba baeng bao re kgonnego go ba hwetša ba akaretša mopresetente wa lekgotlakemedi la baithuti Yunibesithing ya Tzaneen moletlong wa moketeko wa letšatši la bafsa, moprofesa Malekoko moletlong wa bohwa le bagaši ba seyalemoya go tla go re fa mantšu a tlhohleletšo. Re kgonne go tliša kabo ya inthanete go barutwana ka moka. Ka se sebaka go na le kaonafalo ya tshomišompe ya diokobatši mo sekolong. Barutwanakanna le tla lemoga gape gore projeke ya go agwa ga bokgobapuku e gare e a kgatlampana. Sa mafelelo ke leboge sebaka seo le mphilego sona nakong ya ge ke le mopresitente wa lena. Ka ona mantšu ao ke tla boela fase. Ke a leboga Morena Mangena.”

Barutwana ba bethile matsogo kudu morago ga polelo ya Dimaka. Mna Mangena o kgopetše boetapele bja Dimaka go tloga madulong a kua pele go šutelela boetapele bjo bofsa. Dimaka le yena e sale nkgetheng wa maemo a bopresitente dikgethong tša lenyaga. Se se ra gore o sa na le monyetla wa go kgethwa leboelela. Aowa bjalo ka ngwagola Mna Mangena o batametše segodišantšu a swere letlakala la dipoelo tša dikgetho. O thomile ka maemo a fase gomme a feleletša ka maemo a bopresitente.

“Mopresitente yo mofsa wa lekgotlakemedi la barutwana ke mang ge e se Dimaka Masetla. O ka batamela segodišantšu o name o fe mantšu a go amogela maemo a gago.”

Go tsogile lešata e le ge barutwana ba thabetše go kgethwa leboelela ga Dimaka maemong a gagwe a bopresitente. Aowa Dimaka o eme sefaleng, bjale ka mehleng ga se a sware le lephephe la boitokešetšo bja polelo ya gagwe. Barutwana ba dutše fase ebile ba homotše e le ge ba letetše gore moetapele wa bona a ba fe polelo. Dimaka o rile ge a thoma go fa polelo ya gagwe ke ge a felelwa ke moya gomme a wela fase.

Morutiši Mangena le barutiši ba bangwe ke ge ba kitimela go thuša Dimaka. Go tsogile tlhakahlakano ebile ga go kwešišege gore go diragala eng. Barutwana ba banenyana ba hlabile mokgoši. Dimaka o tswaletše mahlo ebile o tšwa sethitho. Barutiši ba kukile Dimaka e le ge ba mo kitimišetša kantorong ya hlogo ya sekolo.

Ka nako ye tiragalo ye e direga hlogo ya sekolo o be a le mogaleng le hlogo ya sekolo sa fase Mna Ratlabala ba bolela ka dipoelo tša Khesethwane tšeo di kgahlišago le go feta tša Morekome, sekolo seo se dulago e le ketapele sedikothutong sa Bolobedu. Banna ba ba be ba sa bolela ka fao Dimaka a bilego le seabe kaonafatšong ya dipoelo le ka fao molaodi wa sedikothuto a makaditšwego ke sekolo sa Khesethwane se fetišitše sekolo sa Morekome ka dipoelo tša kotara ya pele ngwageng wo.

Hlogo ya sekolo o leleditše motswadi wa Dimaka mogala ka pela go mo lemoša ka seemo sa ditaba tša morwa wa gagwe. Matšatši ga se a tšea sebaka gore a fihle sekolong. O rile go fihla ka kantorong ya hlogo ya sekolo, Matšatši a kgopela gore batho ka moka ba tšwe go šale yena, hlogo ya sekolo le morwa wa gagwe fela. Ba rile go tšwa a batamela Dimaka a thoma go bolela mantšu ka ditsebeng go fihlela Dimaka a tsoga. Tiragalo yeo e makaditše hlogo ya sekolo kudu. Dimaka o rile go phapharega ke ge mmagwe a kgopela gore ba mo fe meetse, le go tshepiša hlogo ya sekolo gore o tla ba kaone. Sa go makatša hlogo ya sekolo ke gore, Matšatši o be a sa laetše go tshwenyega maikutlo ka tšohle tšeo di diregilego. Ba dutše metsotso ye e ka bago lesomehlano pele ga ge Matšatši a kgopela gore hlogo ya sekolo a tswalele lebati gore ba kgone go bolela.

"Hlogo ya sekolo ke maswabi ka seo ke tlilego go le botša sona."

"Na o reng o nyaka go ntšhoša Matšatši. Go diragala eng?"

"Ke nako ya go re morwa wa ka a sepele mo sekolong go ya go phetha taelo ya gagwe ya semoya. Ke a le tshepiša gore o tla boa sekolong mohlang a fetša go phetha. Ke maswabi ka taba ye ka ge re se sa na le kgetho."

"Aowa Matšatši, Dimaka o na le bokamoso bjo bobotse bja go phadima. O šetše ka mengwaga ye mebedi fela gore a phethe mphato wa marematlou. Ke a go kgopela hle."

"Maemo a ditaba a befile, le nna ga ke sa na le kgetho ka ge re tla mo loba ge re ka gapeletša gore a tšwele pele ka sekolo. Ke kgopela gore taba ye e be sephiri sa ka le lena hlogo ya sekolo. Dimaka a re sepele ngwanaka."

**…Mafelelo a Padi….**

# Tlhalošontšu

| Sepedi | English | Tlhalošo |
|---|---|---|
| 1. Act ya dikolo tša Afrika Borwa | South African Schools Act (SASA) | Molao wo mogolo wa dikolo. |
| 2. Bodulafaele | Steel cupboard/ File cupboard | Lefelo leo barutiši ba beago difaele tša mešomo ya sekolo. |
| 3. Boemo bja seboledi | Podium | Lefelwana leo seboledi se emago go lona ge se fa polelo. |
| 4. Dipoelo tša marematlou | Grade 12 Results | Dipoelo tša barutwana ba mphato wa 12. |
| 5. Hlogo ya lefapha | Departmental Head (DH) | Molaodi wa mananeothuto ka sekolong |
| 6. Hlogo ya sekolo | School principal/ headmaster | Molaodi wa sekolo. |

| Sepedi | English | Tlhalošo |
|---|---|---|
| 7. Kasete | Government Gazzete | Dingwalwa tša kgoro ya mmušo tša go fa ditaelo le diphetogo tša melao ya kgoro. |
| 8. Kgoro ya thuto ya motheo | Department of Basic Education | Kgoro ya mmušo yeo e lebanego le thuto ya motheo. |
| 9. Kopanotšhoganetšo | Urgent/ ad hoc meeting | Kopano ya go beakanywa ka pela ge go na le taba ya go hloka tharollo ka pela. |
| 10. Lekgotlakemedi la baithuti | Student Representative Council (SRC) | Boetapele bja baithuti ba Yunibesithi/ Kholetšhe. |
| 11. Lekgotlakemedi la barutwana | Representative Council for Learners (RCL) | Lekgotla la boetapele bja barutwana sekolong seo se phagamego. |
| 12. Lekgotlataolo la sekolo | School Governing Body (SGB) | Lekgotla la go laola sekolo |
| 13. Lenaneothuto | Learning programme | Magato/mananeo ao a fapanego a go abela barutwana thuto. Mohlala: Kelo ya semmušo, mošomo a tšatši ka tšatši, bj.bj. |
| 14. Moithuti | Student | Ke batho ba go ithuta kholetšheng/ yunibesithing |

| Sepedi | English | Tlhološo |
| --- | --- | --- |
| 15. Molaodi wa sedikothuto | Circuit Manager | Ke molaodi wa kgoro ya thuto ya motheo. |
| 16. Molaotheo a naga ya Afrika Borwa | Constitution of the Republic of South Africa | Molao wo mogolo a naga |
| 17. Moprofesa | Professor | Mofahloši/Morutiši wa Yunibesithi wa go ba le lengwalo la bongaka bja filosofi (PhD). |
| 18. Morethammino | Disc Jockey (DJ) | Motswaki/Moletši wa mmino ka metšhine. |
| 19. Morutišiphapoši | Class teacher | Morutitši wa go hlokomela barutwana ba phapoši ye e itšego |
| 20. Morutwana | Learner | Ngwana wa sekolo sa tlasana/ seo se phagamego |
| 21. Mosepetšalenaneo | Programme director | Ke motho wa go otlela/ laola lenaneo la moletlo. |
| 22. Mošomo wa tšatši ka tšatši | Informal assessment | Mošomo a barutwana wa gae le wa phapoši (yeo e sego ya semmušo). |
| 23. Motlatšahlogo ya sekolo | Deputy principal | Letsogo la hlogo ya sekolo |

| Sepedi | English | Tlhalošo |
|---|---|---|
| 24. Ntwa ya bone ya intasetiri | Fourth Industrial Revolution (4IR) | Bophelo bja sebjalebjale bja go diriša maleatlana a theknolotši go phela, šoma le go tsena sekolo. |
| 25. Phapoši ya dikopano | Boardroom/ meeting room | Phapoši yeo e dirišwago go swara dikopano. |
| 26. Phapošiborutelo | Classroom | Phapoši yeo barutwana ba rutwago go yona |
| 27. Seboledisegolo | Guest speaker | Motho a go fa polelokgolo moletlong wo o itšego. |
| 28. Sedikothuto | Circuit office | Kgoro ya thuto ya tikologo ya kgaoswi le dikolo (Sedikothuto) |
| 29. Segodišantšu | Microphone | Sedirišwa sa go šomišwa ke seboledi gore lentšu le kwagala gabotse. |
| 30. Sehlopha sa gare | Intermediate Phase | Mephato ya 4-6. |
| 31. Sekolo sa tlasana | Primary school | Sekolo sa barutwana ba mphato wa R go fihla go wa 7. |
| 32. Sekolo seo se phagamego | Secondary/High school | Sekolo sa barutwana ba mphato wa 8 go fihla go wa 12. |
| 33. Selete | District office | Kgoro ya thuto ya selete. |

| Sepedi | English | Tlhlološo |
| --- | --- | --- |
| 34. Setatamente sa Pholisi sa Lenaneothuto le Kelo (SEPHOLEKE) | Curriculum Assessment Policy Statement (CAPS) | Ke Pholisi ya go ruta, ithuta le kelo ya mphato wa R-12. |
| 35. Talente ya moswananoši | Special/unique talent | Bokgoni bja go se swane le bja motho mang goba mang/ Bokgoni bja go ikgetha. |
| 36. Thutotlaleletšo | Extra lesson | Thutwana yeo e abelwago barutwana ka morago ga nako ya sekolo. Mohlala: Mokibelo, thapama, mantšiboa, bj.bj. |
| 37. Thutotlhahlo/ thutofahlošo | Lecture | Polelo ya thuto mabapi le se sengwe. Mohlala: Polelo mabapi le mekgwa ya go bala. |
| 38. Tlhahlamorutiši | Teachers' guide | Tokomane ya go ba le dikarabo tša dipotšišo tšeo di lego ka pukung ya morutwana, yeo e dirišwago ke barutiši. |
| 39. Tlhahlo ya go swaya | Marking guideline | Tokomane yeo e dirišwago ke barutiši go swaya mešomo ya barutwana bjalo ka molekwana. |

| Sepedi | English | Tlhološo |
|---|---|---|
| 40. Tlhahlo ya tlhahlobo | Examination Guideline | Tokomane/sengwalwa sa go hlahla barutiši le barutwana ka dinyakwa tša tlhahlobo. |
| 41. Tshekatsheko ya dipoelo | Analysis of results | Go tsitsinkela bokgoni ba barutwana go lebeletšwe diperesente, magato a bokgoni,bj.bj. ka nepo ya go kaonafatša dipoelo tša bona. |
| 42. Tšhupamabaka | Calendar | E dirišwa go laetša matšatšikgwedi. |

# Methopo


1.  Northern Cape Provincial Department of Education. 2016.*RCL Gazzete Notice no. 10 of 2016.* Available online at: http://ncdoe. ncpg.gov.za/images/imgd/rcl/RCL%20Gazette%20NOTICE%20 110%20OF%202016.pdf Accessed on the (07 October 2023)

2.  Northern Cape Provincial Department of Education Department of Education. 2018. *RCL compliance circular 27 of 2018.* Available online at: http://ncdoe.ncpg.gov.za/images/imgd/RCL/RCL%20 COMPLIANCE%20CIRCULAR%2027%20OF%202018.pdf Accessed on the (07 October 2023)

3.  Republic of South Africa. 1998. *The South African Schools Act (Act no. 84 of 1996).* Pretoria: Government Printing Works. Available online at: https://www.gov.za/sites/default/files/gcis_document/201409/ act84of1996.pdf Accessed on the (07 October 2023)

4.  South Africa. 1996. *Constitution of the Republic of South Africa, 1996.* Pretoria: Government Printers.

5.  South Africa. Department of Basic Education. 2011. *Grade 12 Examination Guideline, Home Language.* Available online at: https://www.education.gov.za/2021Grade12ExamGuidelines.aspx Accessed on the (11 October 2023)

6.  South Africa. Department of Basic Education. 2011. *Setatamente sa Pholisi sa Lenaneothuto le Kelo mephato ya 4-6.* Pretoria: Government Printing Works

7.  South Africa. Department of Basic Education. 2011. *Setatamente sa Pholisi sa Lenaneothuto le Kelo mephato ya 10-12*. Pretoria: Government Printing Works

94